互联网商业逻辑与
投资进阶指南

曲凯 著

中信出版集团 · 北京

图书在版编目（CIP）数据

创投42章经：互联网商业逻辑与投资进阶指南 / 曲
凯著 . -- 北京：中信出版社，2018.10（2019.1 重印）
ISBN 978-7-5086-9029-2

I. ①创⋯　II. ①曲⋯　III. ①互联网络 - 应用 - 创业
投资 - 指南　IV. ①F830.59-39

中国版本图书馆CIP数据核字（2018）第117847号

创投 42 章经——互联网商业逻辑与投资进阶指南

著　　者：曲　凯
出版发行：中信出版集团股份有限公司
　　　　　（北京市朝阳区惠新东街甲4号富盛大厦2座　邮编　100029）
承 印 者：北京通州皇家印刷厂

开　　本：880mm×1230mm　1/32　　　　印　张：10.75　　字　数：230千字
版　　次：2018年10月第1版　　　　　　印　次：2019年1月第2次印刷
广告经营许可证：京朝工商广字第8087号
书　　号：ISBN 978-7-5086-9029-2
定　　价：58.00元

目　录

一
心
法
—

江湖传奇

张津剑

挚信资本

曲凯敲定融资的那个晚上，我们从国贸一路散步到双井。我问他为什么不做投资人了，要创业做媒体？他想了想说："道听途说的人太多，我想写点观点，思考事物本质，还原VC（风险投资）的真相。"

再之后，我就在他的微信公众号上看到了越来越多的优质文章：如同这本书开篇的《两个问题，看透投资》，用简单朴实的文字回归投资的本质。又比如《为什么总是朱啸虎？》《焦虑，迷茫，失望，自救》，用生动形象的语言还原了VC从业者、VC机构和被投资企业鲜为人知的真实的一面。

的确，思考事物本质是一个返璞的过程，还原事物的真相是一个归真的过程。生活，又何处不是返璞归真呢？

我是一个理工科毕业生，7年来一直致力于雷达的图形图像分析，其实整个过程，就是弄明白一件事：在一幅图中，到底什么是信号，什么是噪声。分析信号，不正是返璞的过程吗？过滤噪声，不就是归真的过程吗？

VC进入公众视野的时间并不长。2008年金融危机之后，美元进入降息周期，大量美元进入市场，其中相当部分被配置到了新兴国家。中国，作为一个重要的新兴国家，由于二级市场的政策监管，很多美元流入了风险更高，但是监管更少的私募股权市场。美元基金的加入进一步促进了人民币基金的扩大：2009年，中国私募股权投资募集人民币加美元共计不到1 300亿元；2017年，这个数字超过1.5万亿元。8年时间，增长超过10倍。一时间，风起云涌，尘飞扬。

正是这种风险投资，在过去的10年里，不仅使中国孕育了腾讯、阿里这样的估值超过3万亿元的世界顶级互联网企业，还在这片土地上催生了大量全球领先的科技公司：小米、滴滴、美团、大疆、优酷、头条……不夸张地讲，正是这些投资机构，极大地推进了中国民营互联网企业的高速发展。

当然，这里面产生了很多信号，亦出现了大量噪声。

有一年春节，家人让我帮他安装一个手机应用程序，并且和我详尽地分析了各种补贴政策。说完之后他问了一句："我就不明白了，这也免费，那也免费，他们的钱从哪里来呢？"这一句，真是道出了企业发展快速扩张时期的艰难和无奈。当然，这里面有些是信号，有些是噪声。过一段时间后，有些应用程序变成了人们耳熟能详的独角兽企业，一些则成了鲜为人知的僵尸公司。

科技的扩张在加速：从0到5 000万用户，收音机用了整整38年，电视机用了13年，互联网用了4年，微信用了1年，而"精灵宝可梦Go"（Pokemon Go，任天堂开发的掌机游戏系列）只用了19天……信号越来越短，噪声却越来越多。

作为投资人，我们需要不断升级自己的系统，增加自己的带宽，以便接收更多信号；然后调整滤波器，以便去掉各种噪声。

我们每周都会坐着早班飞机飞往各地，然后在凌晨仍然和创业者讨论商业模式。我们会时常聚在一起讨论最近投过的案子，然后复盘其中自己没有想明白的地方。我们时常会突然"哦"的一声惊叹于自己对更底层社会驱动的发现，好像找到了"高通滤波器"更好的表现形式，又会在一段时间之后反思这个方法应用的局限。

我们发现那些富有生命力的企业家，如同发现了脉冲信号。赶紧依托其特点，辅佐以资源，帮助他们成就伟大的企业。然而数年之后，信号中仍然掺杂着些许噪声。

这个不断修正的过程，就是我们不断调频的过程，也是不断利用自己的系统推动行业发展的过程。

最终，我们接收到了科技行业的图像：资源化为流水，万物生发，生生不息。

作为新一代投资人，这些年一直在伴随着已投企业家共同蜕变、上市和退出。我很荣幸见证这些生命的成长，见证民营经济的奇迹，也见证自我修炼的过程和决心。

希望曲凯能写出更多的好文章。它们是奥本海姆的《信号与系统》，是老子口中的返璞归真，也是生命本来的样子。

致敬这个伟大的时代，致敬这个时代的投资人，致敬跨时代的生命力。

序
"42章经"修炼手册

2016年4月7日，我在"42章经"这个微信公众号上更新了第一篇文章。在那之前，其实我一直有用文字进行总结和表达的习惯，在知乎、36氪等平台上也发过一些文章，但我从来没想过要把写东西当作自己的职业，更别说是当作创业项目来做。

到现在为止，眨眼间已经过去了两年多时间。这本书是"42章经"公众号中前两年文章的一个精选合集，就像我在《最让我享受的永远是和聪明人交流的愉悦感》一文中所写的，我想证明给这个时代的人看，"有一种微信朋友圈的文章叫作——写完了可以直接放进书里"。

而今天，你手中拿着的，你正在阅读的这本书，便是证明了。

本书共分为四大部分，分别是心法、内功、招式和江湖传奇。

心法部分讲了关于创业与投资的一些底层思维方式。看过以后你会发现，这部分其实是本书的精髓，而且这些内容始于创投，却终于人生。我相信它会改变你看待事物的方式。

内功部分是全书中"最干货"的部分，甚至可以单独拿出来做一门"企业经营与投资"的基础课程。在这部分，我将用极其通俗易懂的语言来给大家讲清楚，投资人到底是用什么标准和眼光来看待一家公司的经营的。

招式部分则是内功的外化表现，是我们用心法和内功，来对过去几年里主要的公司、模式、风口等的分析判断。其中有些判断当时看是对的，回头看可能是错的，但这样有了一层验证后再去看其中的逻辑推演，就更加有趣了。

江湖传奇部分是全书最后也是最有趣的部分。如果以后有机会，我希望能用所有的心法、内功和招式来写一部小说。而这一部分正是一些故事味道更浓的记录，从中你可以更好地理解这个创投的时代。

曾经有个投资界的前辈问我，你人生中的道和术是什么？你被什么人影响最深？我想了下，发现自己竟然是被金庸的侠义情节影响最深。凑巧本书也借了"42章经"之意，分成这样四个部分，也算是一种圆满。

这两年写作的过程，对于我自己来说也是一个探索的过程。在写的过程中，我更懂得了什么是投资，更懂得了新的商业逻辑是怎样的，更懂得了这个世界上从商业到个体的很多运作的道理。说来俗气，但想多了，写多了，真的会发现这些东西都是连在一起的。

希望通过阅读本书，你能在收获一些有关创投和商业的知识的同时，也能从中看到一些更深层的东西。如果本书能给你带来一些启发，哪怕是因为不同意文中的某些观点和内容而产生的启发，总归也是没有让你白白浪费时间。

毕竟，人生才是每个人最重要的一笔投资。

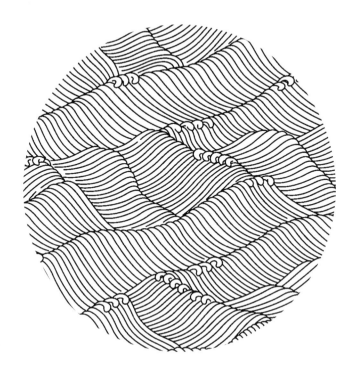

一

心

法

一

01 两个问题，看透投资——"42 章经"的投资方法论

　　我在微信公众号"42 章经"写过很多分析公司、分析行业的文章，很多人问我是怎么写出来的。于是我想，我的这些思考方式是否能总结成一套方法论呢？是否能通过文字的形式分享给其他人呢？这篇文章就是一次尝试。

　　从商业角度来看，所有公司的最终目标都有三层：

　　1.赚钱；2.持续赚钱；3.持续赚更多的钱。

　　而投资人的目标只有一个：投到符合这些条件的公司。

　　很多人觉得只要能够为用户提供需要的东西，就能赚钱。

　　不，这是错的。

　　氧气人人都需要，但极少有人能靠卖氧气赚钱。但有没有例外？有。当一个病人缺氧的时候，当一群人登山的时候，卖氧气才能赚钱。这就是我要说的第一点：一个公司如何才能赚钱？掌握稀缺资源。

　　那"赚钱"和"持续赚钱"的区别又是什么？

　　很多时候，外部环境的变化（尤其是科技的进步），直接决定了稀缺资源的变化。科技本身就是反稀缺性的。科技带来效率的提高，导致很多本来供给不足的东西变得过剩，也就不值钱了。

　　所以，技术的发展会带来两个问题：

　　第一，以前的稀缺资源不值钱了，以前掌握稀缺资源的人无法再

继续赚钱了。这就是我们总说的颠覆式创新的情况。由于颠覆式创新的出现，传统的巨头会突然变得一文不值。

第二个问题是更隐蔽而致命的，这个情况决定了很多公司即使掌握了稀缺资源，也不一定能持续地赚钱。技术颠覆带来的是结构性的变化与机遇，结构性的变化最主要的就是供给关系的变化。老的稀缺资源可能一夜之间消失，而新的稀缺资源也会一夜之间出现。所以，技术颠覆发生的时候，容易出现一段时间的供给真空期。其间供给和需求仍然是处在动态变化之中的，最先进入市场的供给者能够享受一段时间的红利期，但最终市场饱和以后，没有建立起壁垒的人就会被慢慢淘汰。比如，微信生态刚兴起的时候，就出现了一大批靠侵权转载和翻译等崛起的微信公众号，它们填补的就是这个生态下的内容供给的强烈需求。这样的公司在一定时间内确实能存活得不错，甚至赚到钱，因为它们在那段时期内确实能为当时的用户提供所需的稀缺资源。但是，最终当这个生态稳定以后，总会有一波洗牌，剩下的都是能够在新的供给关系下形成自己的独特壁垒和优势的。所以，要持续赚钱，重要的是要有壁垒，能持久地掌握稀缺资源。

对于很多创业者来说，其实做到了持续赚钱就已经很不错了。但对于投资人来说，还有第三点要求，那就是持续赚更多的钱。这就需要这家公司在有壁垒、有稀缺资源的前提下再具备两点：1.可扩展；2.可垄断。

可扩展是追求边际效应，可垄断则是追求溢价（马路边随便一家报刊亭都能满足持续赚钱的要求，却不一定值得投资）。

所以，讲清楚了：能赚钱，是因能为用户提供价值和稀缺资源；能持续赚钱，是因随着外部环境的变化，公司仍始终能有自己的护城河和稀缺资源；能持续赚更多的钱，是因公司在某些领域能够实现垄断或指数级发展。

那么到底该怎样判断一家公司是否能做到这几点呢？有一个问题，是做投资必须要回答的，也是最难回答的。那就是：Why now？（为什么是现在？）

用户的需求可能被迁移、被激发、被重塑、被抑制，但就是不可能被创造。所以，如果你说你要做的，是一件不立足于外部环境变化的，而是全新的创造用户需求的事情，我完全不会相信。

"Why now？"背后隐藏的含义就是，外部环境发生了什么变化，让这个事情在当下发生（不是过去，也不是将来）成为可能？（有时判断大趋势其实没那么难，真正难的是掌握好时机，不早也不晚，早了就成了炮灰，晚了就来不及了。）

所以，我分析任何事情、任何公司、任何行业的时候，都会强迫自己首先想清楚这个问题：为什么是现在？知道了为什么是现在，就知道了什么变了，也就知道了新的供求关系和稀缺资源是什么。这又带来了两个好处：

1.这里的稀缺资源其实就是用户需求。所以很多时候揣摩不出来的用户需求，换个角度从外部环境的变化去推演，反而会更简单。

2.有了对稀缺资源的推演，更有利于判断创始人及其团队的能力是否适合做这件事。

我总说看项目要找对症结，这里的稀缺资源就是症结，那团队是否有对症下药的能力也就显而易见了。假如一个项目的稀缺资源是技术，那就去找技术最厉害的；假如一个项目的稀缺资源是渠道，那就去找渠道最厉害的。这有助于我们选择一个最合适的项目和团队来投资。

讲到这里，继"Why now？"之后，第二个问题也就出来了：作为创业者，要想的是"Why me？"（为什么是我？）；作为投资人，则要想"Why you？"（为什么是你？）之类的了。

"Why me？"这个问题背后的含义就是，哪怕外部环境变了，人们的需求被重新挖掘了，为什么我还能有能力去满足用户需求，去赚钱呢？虽然我暂时有能力满足用户需求，但这是因为我拥有独特的能力吗？我的这种能力有壁垒吗？是稀缺的吗？

这里，我们可以再引入一个概念，我自己管它叫占位理论。

我觉得，每一家公司，最终都要在某个位置上做到第一名。所谓的战略价值，就是要么帮助公司在当前领域内通过各种方式做到第一，要么就是帮助公司转型，寻找一个新的领域并做到第一。这里的第一有两种，第一种是真的第一，而第二种是唯一（有被收购的价值）。但本质其实都一样，就是有足够强的壁垒。

所以，面对任何新的公司和行业，我都会通过不断地研究"Why now？"和"Why you？"这两个问题，去进行投资的分析与判断。

这就是我自己总结的分析投资问题的方法论。

| 精选留言 |

熊健：

我来举例说明"now"和"me"。比亚迪通过生产电池起家，成为全球第二大充电电池生产商，完成了第一次"小me"（小我）。通过收购秦川汽车公司，生产燃油车成为汽车生产商，完成了第二次"中me"（中我）。顺应国家节能减排的政策和国际电动车技术的发展这两个"now"，由燃油车向电动车和混合动力车转型，并花重金搞研发取得垄断地位的壁垒，实现到现在的无人可超越的"大me"（大我）。"me"由"now"进化。"now"就是浪潮，"me"就是浪潮上的运动员。

Bill无心居士：

赚持续的钱，而不是持续地赚钱。在持续的钱中选择那些效用最低的钱，解决了就可以帮助企业形成隐形壁垒，而隐形壁垒与收入/利润加速度有关。

StayНцмбіé：

看完曲老师的观点我想起了特劳特的定位理论。用户和消费者的心智资源也是一种壁垒很强的稀缺资源，大家都在争第一，因为只有第一才能被信任和记住。

02 怎样的创业公司才能突破重围

"Technology increases access to what is scarce."

我们总谈科技，到底什么是科技？上面这句话是我看到的对"科技"最好的解释。

我实在不知道该怎么原汁原味地翻译这句话，意译的话大概就是"科技为人们提供了接近稀缺事物的途径"，也就是说科技本身带有一种"反稀缺性"。要知道，经济的运作和商业模式都是围绕稀缺资源进行的（稀缺才有价值），而当科技的定义就是反稀缺性的时候，不难想象新科技的出现会重塑一切事物的关系，所以才有了颠覆式创新（disruptive innovation）一词。

图2–1叫作Gartner曲线，国内一般翻译成"技术成熟度曲线"。这张图是说任何技术出现后都会经历一个不理智的高潮，然后破灭，再一点点复苏并成熟。那么，什么样的公司会破灭？什么样的公司才能最终熬过幻想破灭期，进入复苏期并最终走向成熟期？

所有的新技术一开始都会提高效率，逐渐释放反稀缺性，当这种状况到达极致后，就会让某种事物彻底丧失其原本的稀缺性。在这个过程中，整个行业都在变形重组，并且出现所谓的风口。很多人看到机遇而跳入风口，整个市场会慢慢变为红海，出现激烈的竞争。

这些红海中的竞争者一开始大多能抢占到一席之地，它们都会觉

技术热情

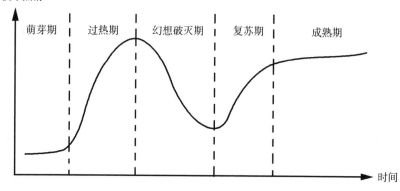

图2-1　Gartner 曲线

得自己找准了用户需求，找对了市场。但慢慢又会发现，公司并没有可行的商业模式，更差的时候甚至也没有可观的用户留存。因为这个感知上空白的市场和需求是科技变化本身带来的，只是用户需求暂时未被满足的一段时间窗口，而这些红海中的公司本身并没有掌握它们独有的稀缺性资源。所以整个市场会进入幻想破灭期，直到某家公司掌握了新的稀缺资源。

科技最终让本来稀缺的事物不再稀缺，而人们要在这其中寻找可行的商业模式，给予不再稀缺的事物一种价值，这本身就是一种悖论。所以，要发现价值，最重要的是透过市场的表象，找到供给关系重新组合后新的稀缺资源。那么，什么才是行业内的稀缺资源？商品的价值是由人类的交易行为赋予的，在任何行业内，交易双方讨价还价时使用的筹码就是稀缺资源。比如在传统零售行业内，大商家的筹码就是自己的品牌（如宝洁），而渠道的筹码就是货架位置和人流量（如沃尔玛）。宝洁用自己的品牌争取更好的货架位置和更高的毛利率，沃尔玛用自己有限的货架位置和巨大的人流量争取更低的进货价格。

　　而互联网的反稀缺性就表现在"连接性"上，所以，原始商业生态中所有的"渠道"角色都是最先被改变的。当传统线下渠道的连接性意义被互联网"反稀缺"后，有大量的电商公司出现，但最终为什么只有亚马逊（Amazon）变成了巨头？因为亚马逊发现，在互联网上，货架位置、渠道和人流量都不再是最稀缺的资源了，稀缺资源变成了优质用户的黏性和高效的物流体系，所以亚马逊做得最成功的两件事就是会员体系和自建物流。

　　我们再来看现在国内火热的内容市场。

　　传统媒体领域最稀缺的资源是内容、发行渠道和广告主。微信公众号带来的是对内容的部分革命、对发行渠道的彻底革命。通过公众号，所有人都有机会产出内容（虽然不一定是足够优质的），而且所有人都能够触及读者。大量的人发现了这个机会，所以无数的公众号应运而生。直到最近，所有人又都发现"内容太多了""打开率明显降低了""公众号不再好做了"，而再往后，越来越多的人会发现，做公众号根本赚不到钱了。这是为什么呢？

　　当一开始内容和渠道刚从稀缺到非稀缺转换的时候，早起的鸟儿有机会在市场中占据一席之地。但所有人都要记得，这只是一个短暂的时间窗口，这个机会不是某个公众号因为自己掌握了稀缺资源而争取来的，而是整个市场大背景下的机遇。这就代表着，每个人都可以做一样的事情，没有核心竞争力也就没有壁垒，没有用户留存。而当越来越多的人用做流量生意的思路来做公众号的时候，就会发现，流量获取越来越难，成本越来越高，留存率越来越低。所以，要生存壮大，就要找到新的稀缺资源，并且想尽办法将其掌握在自己手中。

从用户角度来讲，内容爆炸的年代里稀缺的是时间、注意力或找到优质信息的方式。从企业的角度来讲，有人会说稀缺的是好内容。但我们不妨多问一句，好内容带来的是什么？流量吗？可是再好的文章也不一定有一条猫猫狗狗的视频获取到的流量多。我觉得，持续生产好内容带来的是和用户之间产生的一种信任关系。"造作"的CEO（首席执行官）舒为曾经说过，"品牌就是标准"，我深有同感。用户产生购买行为的时候，对标准是有预期的，就像不管你去全世界哪里的星巴克，你都知道味道是有保障的，是会符合你的期待的。而搭建信任关系，就是建立品牌的必经之路。

所以在当下，对于内容创业者来说，要努力去争取的稀缺资源就是一个能够让用户信任的品牌，而持续生产好内容只是实现这个结果的方式之一。

品牌是一种壁垒，最理想的品牌壁垒是一个品牌等同于一个行业〔比如谷歌之于搜索，脸书（Facebook）之于社交，淘宝之于购物〕。但更多情况下，一个行业内会共存多个品牌，比如服装行业。这个时候，各个品牌就必须要深度挖掘自己的垂直品类、消费人群和特点。内容领域自然更接近后者。

想掌握商业本质就是要用80%的时间研究过去，用20%的时间思考未来。举了这么多例子，还是回到科技创新与稀缺资源演变上来。要创办一个成功的企业，最终还是落到以下三点上：

第一，明白行业之前的商业体系建立在什么稀缺资源上。

第二，明白怎样的科技变化"反稀缺"了原本稀缺的事物，从而诞生了一段时间窗口的机遇。

第三，找到新机遇下最新产生的稀缺事物并努力掌握在自己手中，从而把一段时间窗口的机遇转变为持续的发展机会，并演化出可行的商业模式。

如此这般，公司就有机会在抓住先发优势（First-mover Advantage）的前提下，同时把握住后发优势（Last-mover Advantage）的位置，最终成为行业内的垄断者之一。

| 精选留言 |

嫱：

文中所谓稀缺资源，个人以为即是竞争优势。说到底，卓越的企业必有不可替代的竞争优势，这需要长远的战略眼光与敏锐的商业嗅觉。坚持，而不是跟风。

谈金华：

一边看文章一边想，很多想法和启示都是第一次领悟到。现在要做的就是先连接，利用反稀缺的优势，迅速连接并累积初始客户。随着发展渐渐形成会员体系，再慢慢从窗口期回到自己预定的赛道发展，形成可持续赢利和发展的商业模式。

03 暗流涌动的互联网世界

　　图3-1是克里斯·狄克逊（Chris Dixon）用来解释"互联网经济的主循环"的。可以看到，从"用户"出发，通过"设备"接触网络，通过内容产生平台和搜索平台完成交易行为，再经过网络或实体物流完成交付行为。这一整个流程构成了一个闭环的互联网经济的主循环，而几乎其中每一个环节都充满了白热化的竞争。

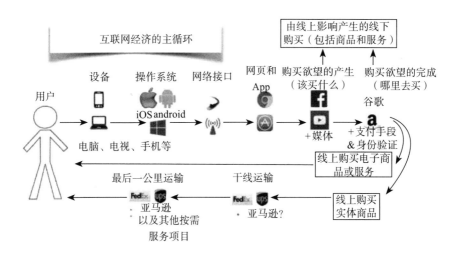

图3-1　互联网经济的主循环

基于这张图，我也来讲讲我对当下互联网的判断。

设备、操作系统和网络接口

1.在智能手机设备领域苹果（Apple）绝对领先，其余品牌打包跟随其后。但随着增量市场减少，存量市场增加，智能手机市场即将面临穷途末路，创新战与品牌战的作用将渐渐降低，苹果也将全面进入价格战时代。

2.在智能手机操作系统领域苹果和谷歌并列双雄，其他厂家已经丧失机会。

3.为了维系高增长，苹果会由硬件售卖向软件服务转型，而因其在硬件和操作系统上的领先优势，从长远来看，在主要由Siri串联起来的AI（人工智能）搜索服务领域中苹果将对谷歌造成一定威胁。

4.网络接口层面，谷歌付出最多（光纤计划、热气球计划等），脸书紧随其后，但离商用阶段都还有很大差距。

5. 长远看来VR/AR（虚拟现实/增强现实）最可能是下一代的计算平台，但那可能是当硬件设备发展到普通眼镜大小，且成本也降到足够低的时候。马克·扎克伯格认为这需要10年的时间。

网页和App

1.网页带来的是分散的内容，而App（计算机应用程序）带来的是端到端的问题解决方式。根据调查，目前人们经常使用的App仅在30个左右（这些App已经能够很好地服务人们衣食住行、娱乐、金融、社交等需求），而每个月新下载的App只有1~2个。所以App市场已经基本饱和，新App的发现和成长机会已经不多，当人们产生某种需求的时候，大多会直接进入某一个App之中。

2.苹果和脸书都站在App一方，助力推动App内容的发展。谷歌则为了维持移动端搜索的市场站在Web（电脑端网页）一方，不断优化Web内容。目前看来App已经获胜（同时App本身也受到了诸如微信公众号这类事物的蚕食），而Web虽不至于会灭亡，却恐怕会持续地被压榨。所以长此以往，谷歌还是会面临移动端变现的压力。

该买什么和去哪里买

1.脸书和谷歌基本垄断了美国大部分的广告市场，推特和领英（Linkedin）等都因此被看衰。脸书的目标一直都是产生更多的连接和内容，这主导了人们想买什么。谷歌的搜索则仍是垄断性的，所以主导了人们去哪里买。

2.马克·扎克伯格认为，视频内容这一大波潮流甚至比移动这波潮流还要大，电视媒体的观众和广告主的广告花费都将会慢慢分散到各个App中。所以到目前为止，Snapchat和YouTube等在视频领域发展较好的公司对脸书有一定的影响。但亚马逊对于谷歌的负面影响更大，谷歌创始人在2014年就说过，谷歌的主要竞争对手不是必应（Bing）或雅虎（Yahoo），而是亚马逊。因为从互联网经济流程图就可以看出，谷歌和亚马逊在其中扮演的都是"去哪里买"的角色，所以从功能性上来讲，这二者是可替代的关系，当人们习惯了所有东西都可以直接在亚马逊上找到并购买的时候，人们就会跳过谷歌，尤其是移动化以后，人们可以直接打开亚马逊App，而不是通过谷歌跳转至移动页面。所以对于百度来说，也许京东的崛起及其对阿里的牵制是近几年来发生的最好的事情之一。

3. 从其产品本身，再到其收购的Instagram、WhatsApp，脸书做的都是连接内容产生和发掘的部分，包括如扎克伯格所说，投资Oculus也只是为了催生VR产业，而最终属于脸书的机会也还是在与VR相关的软件中。所以脸书专注的一直都是"该买什么"这个领域（包括现在的很多内容生产者做的都是这件事情）。在"该去哪儿买"这个领域真正和谷歌竞争的主要还是亚马逊和苹果（也有一些平台，比如社群，做的是"该买什么"和"该去哪儿买"结合的事情，但是这样的平台一般是垂直型的）。

4. 谷歌的CEO（首席执行官）曾经在股东大会上表示，未来谷歌会全力发展AI领域，因为当内容都碎片化地产生在各个App中以后，谷歌在搜索市场上的地位对于内容发现和引流就会有力不从心之感。而最近美国流行的Bot（文字机器人，类似微软的必应在各个业务领域的应用），就是一种新的通过文字实现AI的应用。试想，如果AI足够发达，所有的搜索和导流都在你来我往的对话之中完成，也就跳过了搜索窗口或App的局限，这就给了谷歌新的机会。

5. 亚马逊野心更大，直接推出了Amazon Alexa（亚马逊语音助手）和Amazon Echo（亚马逊智能音箱）两款产品，前者是可以嵌入所有硬件内的语音AI系统，后者是可以作为智能家居终端控制器的具备语音AI系统的智能音箱。基于这两款产品，亚马逊可以实现物联网系统的连接，取代谷歌成为人们生活中的AI和操作系统，也自然就取代了搜索系统。

干线运输和最后一公里运输

1.实体的交付体系方面亚马逊遥遥领先，为了竞争，谷歌也在尝试各种线下的配送服务。而最后一公里运输又有各种众包服务的存在，包括优步（Uber）等也在对该领域进行尝试。

2.工业4.0、仓储机器人、无人机送货等机遇都在实体的交付体系流程之中。

其他

1.再次强调视频内容的重要性和发展性。据预测，未来70%的互联网内容消费的载体都将是视频。视频内容的消费门槛最低，是被动消费，无须动脑；但相对于文字和音频来说，制作门槛又更高，所以视频领域的创业机遇值得把握。

2.随着自动驾驶技术的发展和普及，购买汽车的必要性会大幅下降，整个汽车出行市场会有翻天覆地的变化，滴滴和优步作为人们出行的入口会迎来更大的机遇。而人们在车上多出来的消遣时间会给适合车辆出行时消费的音频内容带来新的机会。

3.医疗、教育等传统领域也是能够明显受益于AI或大数据等技术的发展的。

4.内容即渠道，IP（知识产权）即话语权。从用户时间占有率的角度来讲，所有的产品都是竞品。

| 精选留言 |

程申立：

移动流量费用的降低，使视频内容的消费远远大于生产。从视频生产工具上入手是否有戏？

作者回复：

我觉得有戏，这是我个人也在看的方向。豌豆荚最近就分拆出来一个团队，做了一个叫 VUE 的 App，还被苹果应用商店推荐了。

04 为什么总是朱啸虎？—— VC 的马太效应

"大声宣扬好的，偷偷埋掉死的。"哈佛大学商学院的高级讲师史克尔·高斯（Shikhar Ghosh）这么评价 VC 行业的从业者们。他曾经研究过超过 2 000 家获得 VC 投资的初创公司，其中有40%的公司以倒闭告终。如果从投资回报的角度看，有95%的公司都没有为 VC 带来预期的回报。

康桥汇世集团也曾经做过一次类似的统计。结果显示，3%的 VC 公司最终获得了95%的行业回报，而且这头部3%的基金并不会随着时间流逝而有太多改变。

这首先说明投资本身就是一件极具头部效应的事情，少数的最好的公司带来绝大多数回报，而少数的最好的基金又掌控着这些少数的最好的公司。同时说明，投资是一件极具马太效应的事情。人脉、资源、经历、经验、判断力等，这些都是随着时间增长而增长的，而且是做得越好，口碑就越好，反过来就越有成长的机会。比如2016年国内投资的大风口有两个，上半年是直播，下半年是共享单车，而朱啸虎自己一个人占了映客和ofo两个项目，独占了 VC 界的半壁江山。再加上之前的饿了么、滴滴、小红书，不得不让人问一句：

"为什么总是朱啸虎？"

这当然一方面取决于其对行业和人的判断力，但另一方面就是马太效应的影响。朱啸虎投资的公司的风格都异常明显，用他自己的话来说就是，"第一，市场规模大；第二，可复制，可非线性地高度复制；第三，可防御"。从饿了么到滴滴，再到ofo，这些项目都是找到了一个巧妙的切入点，借着大潮流，撬动了整个行业，这个行业还必须得是能影响所有消费者的大行业。此外，这几个项目还有一个共同点，就是执行力和规模效应的作用，远大于技术或其他壁垒。或者换句话说，这一切都是套路。一次我去给 DCM（美国顶级风险投资机构）的合伙人林欣禾做访问，他一直强调 DCM 在投后对已投企业做出的帮助是最大的："作为投资人，对业务我们肯定不如创业者自身清楚，但我们每天的工作就是投融资，这块我们肯定是最懂的，所以投后能帮上最大的忙之一就是帮企业搞钱。"

而对于以规模效应为主的企业来说，融资节奏和金额就是一切，团队只要学习能力能跟上，谁拿到的钱多，就可以把其他人甩在身后。所以朱啸虎在其选择的方向上能起的作用就无比大。也是因为马太效应的存在，朱啸虎个人已经变成了一个募资品牌，他投出越多的明星案例，往后就有越多的基金认可他投资的标的，那他所投的企业就越容易实现下一轮融资，也就越容易在规模效应和资本募集的游戏中胜出。

"最终的成功者，未必能力有多强，很多时候成功是因为在正确的时间点上站在了正确的风口上。"朱啸虎如是说。

我一个朋友对朱啸虎的评价也是相当经典，她说："朱啸虎已经成为一位有自造风口能力的投资人。"这就是一种马太效应的大成。

从蓝湖资本出走的胡博予既在金沙江跟过朱啸虎又在 DCM 跟过林欣禾，你会发现他的投资方式也有些类似的痕迹。比如其对于美菜的投资，就是在一个大赛道上，选择一个有足够大上升空间的项目。美菜借助资本快速冲到行业第一位，后续的接盘侠自然接踵而来。所以，要做大事情，首先要举一面大旗。为什么过去造反的人大多要拉个皇亲国戚，找个名正言顺的名义？本质上也是一样的道理。

做投资有几种心态上的不同境界：第一层，投到项目；第二层，投到能拿下一轮融资的项目；第三层，投到能退出的项目；第四层，投到能成为独角兽的项目。很多刚入行的人停留在第一层，有些经验的在第二层，一些老将在第三层，而只有有足够大野心的人才能达到最后一层。比如愉悦资本，它专注于车、房等领域的投资，这本身就是会持续出独角兽的赛道。所以它有机会投资蔚来汽车，又领投了摩拜（Mobike）的 A 轮融资。又比如熊猫资本，作为一支专注早期投资的新基金，它敢一反常态地在 B 轮去领投摩拜，最终在市场下行之中闯出来了一点名堂。毕竟，VC 经济学中各种已有数据表明，只有独角兽才能成就一支基金，而新基金要出头，更要有自己的标签，要冒更大的险。愉悦资本专注于车、房领域，让专业度和人脉资源等的马太效应能够在垂直领域发挥到极致。而熊猫资本敢于豪赌，也能让基金品牌借势马太效应而崛起。

投资是讲运气的，但运气和能力也是相辅相成的。越早运气好，就能越早接触到更好的资源。让自己变得更好、更有准备，这也是马太效应的另一种体现。

作为 2014 年入行的这一批 VC 从业者之一，我和其他人赶上的是 O2O（线上到线下）的尾巴、不怎么容易快速出头的互联网金融、有史以来坑最多的 B2B（企业对企业）、虚无缥缈更多地存在于概念中的消费升级等所谓的风口。和我同侪的这批人里聪明人极多，但到目前为止有实在成绩的还不多，我觉得时间不够是一方面，运气更是在其中起了决定性的作用。2010—2012年进入VC行业的那一批人，现在多半事业有成，甚至有大成，因为大势如此。比如社交平台的际遇是就是5~10年，移动浪潮成就了三年上市的陌陌，陌陌又成就了经纬创投最年轻的合伙人王华东。我相信，哪怕王华东对社交再有研究，也很难在这两年的市场中有所建树了。（万一哪天VR平台真的崛起了，里面一定有一大波社交平台项目是出自经纬创投、出自王华东之手，这就是经纬创投和王华东的马太效应在起作用。）

我在《为什么"持续赌小概率事件"的人才能成功？》这篇文章中总结道，那些最成功的公司都是随着科技浪潮扎堆成立的。其实，基金也是一样：经纬创投成立于2008年，创新工场成立于2009年，真格基金成立于2011年……经纬创投最早的时候广撒网布局移动互联网，还曾经为人诟病，后来事实证明了它的正确性。而至今在圈内，对真格基金的投资方式仍然有正反两面不同的看法。

华创资本合伙人熊伟铭曾经在知乎上发文提出了一个有意思的观点：

> 徐老师压根儿就没按照传统的VC计算方法来估算回报（比如我们一般只能用管理费来支付各种杂费，包括针对创业者的营销），但徐老师是在用这个基金计算市场费用的投资回报率：假设一个亿的总盘子（忘掉少得可怜的管理费吧），天使阶段能有10%的项目最后实现退出就很了不起了。那么这1 000万投到了当年的兰亭集势、聚美优品等公司里面去，剩下的所有投资其实都是真格基金的营销费用，只不过，这些营销费用并不是赞助

各种大会，而是赞助各种创业者，只要这个创业者确实有些独到之处。

如此广泛地撒网使得徐老师基本上覆盖了 GDP（国内生产总值）里面的所有行业。这些创业者反过来成为真格基金的推广大使，带来大量的创业者"流量"。所以真格基金从来不做行业研究，只关注创业者自身是否有出成绩的潜力以及带流量的能力（意见领袖）。

所以，真格基金最终不是在投资某个项目，而是在投资"早期创业"这个市场本身。如果看准了天使期项目会火，那么去撒钱到整个早期投资市场，也很可能得到足够多的回报。这就是把马太效应成功运用到整个行业。

但这种投资是有很强的时效性的。为什么创新工场和经纬创投2015年开始就从早期投资向 B 轮甚至更后期转？就是市场环境变了。而真格基金2016年上半年还仍延续了几年前的投资风格，到最近才募集了一支成长期的基金，投资策略转变的速度是否略微滞后？这可能要几年后才有答案了。

接触VC这个行业越久，我就越相信：人不能和市场斗，人能做的最多是让市场早来半年或者晚走半年，但该来的总会来，该走的总会走。

| 精选留言 |

乐华伟：

2015 年创业找投资人时在国贸三期见到了朱总（朱啸虎）。不管怎么说，人挺好，最后没投我们说我们太早期，但给我们介绍了九合创投的王啸。见过这么多投资人，这是唯一一个不投我们还给我们介绍投资人的。

何林峰：

能和朱啸虎媲美的就是经纬创投前合伙人茹海波。两个人枪枪命中，一个敢赌，一个讲理性方法论；一个投出了好几个估值上百亿美元的公司，一个投出了数十个行业第一的公司；命中率都能达到95%。这类人稀少，天生勤奋，情商高，又能克制欲望，十载默默学习，猎守猎物。

陈冬华：

朱啸虎投资的三原则：大市场，可复制，可防御。三原则道理简单，坚守很难，大部分VC会被一些次要因素干扰，影响其对本质的判断和决策速度。而他看项目坚持原则，不受次要因素的干扰，决策相当快。这在物理学上叫"理想模型法"。

05 一个王兴换三个陈欧，一个滴滴换十个小红书

假设你参加了三次比赛，有两种结局可选，分别是：

1. 两次不入围，一次夺冠；
2. 三次入围，但都是亚军。

你会如何选择？

人们都知道，第二名是不会被记住的。别说是三次，哪怕得十次第二名，大概结果都不如一次第一名。第一名能得到更丰厚的财务回报，也能让人有更多的想象空间。毕竟，哪个活动会要一个自我介绍为"我拿过十次第二名"的嘉宾，而不是"某某比赛冠军"的嘉宾呢？

这个问题的本质其实是，成功有两个维度，一个是幅度，一个是频度。对于世俗意义上的成功来说，幅度往往比频度更重要。所以，一次第一名，胜过无数次第二名。这也就有了题目中的问题：如果你是一个创业者，你希望做一次王兴，还是希望做三次陈欧？如果你是一个投资人，你希望投到一次滴滴还是投到十次小红书？（当然，不管是陈欧还是小红书，都已经是非常成功的结果了。）对于王刚来说，哪怕他未来的投资都失败了，他也还是那个滴滴的天使投资人，也还是比绝大多数投资人成功。人类对于成功的定义和记忆有时就是这么残酷。

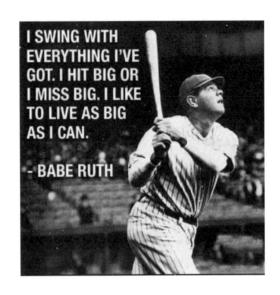

图5-1　贝比·鲁斯

注：图中英文意思为：我使尽全力挥动球棒。我一击命中或完全错过。我喜欢孤注一掷。

贝比·鲁斯（Babe Ruth）是美国职业棒球史上最有名的运动员，他在美国人心中的地位甚至超过阿里和乔丹等人。他是历史上第一个在单赛季打了 60 个本垒打的人，这个纪录维持了 34 年；整个职业生涯中，他打出了 714 个本垒打，这个纪录保持了 39 年；但同时，他还有另一项纪录：整个职业生涯中被三振出局 1 330 次，这个纪录保持了 29 年。

贝比·鲁斯放弃了更高"频次"和更大概率的安打，而是不懈地追求更小概率却有更大"振幅"的全垒打，这真正践行了一句话："Hit Big or Miss Big"（一击命中或完全错过）。这让他成为美国历史上最著名的运动员，也给人们留下了一个"贝比·鲁斯效应"——追求成功的人应该冒更大的风险，获得更高的收益。

这个效应也被不断地被运用在 VC 行业中。

彼得·蒂尔（Peter Thiel）说过，VC 行业中不同项目的回报率是有惊人的偏差的。做得不好的 VC 时常有一种错觉，那就是所有的项目都差不多，但实际上项目的回报率是符合幂函数（Power Law）的，也就是说最头部的极少数项目，最后会带来最大部分的回报。越早想明白这点，就越可能成为一个好 VC。

A16Z（Andreessen Horowitz）合伙人克里斯·狄克逊曾经根据其出资人提供的数据，总结出如下的结果：

图 5-2 中，横坐标是基金的回报倍数，纵坐标是大于 10 倍回报率的项目在所有项目中所占的比例。可以看到，做得越好的基金，大于 10 倍回报率的项目的比例就越高。

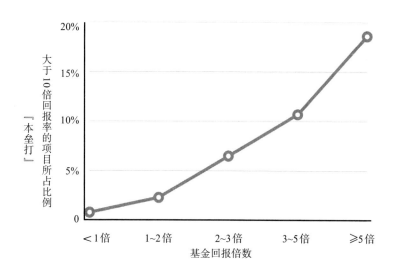

图5-2　做得越好的基金，大于10倍回报率的项目的比例就越高

图 5-3 的横坐标不变，纵坐标变为大于 10 倍回报率项目的具体回报倍数。可以看到表现好的基金的"本垒打"项目的回报倍数会高达近 70 倍。

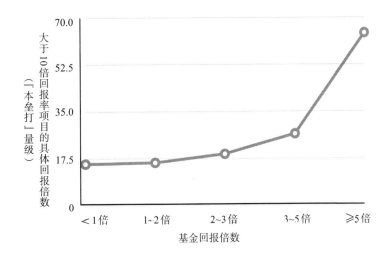

图5-3　表现好的基金的"本垒打"项目的回报倍数高达近70倍

图5-4更有意思，横坐标依然不变，纵坐标变为了失败项目的比例。可以看到，小于 1 倍回报的失败基金有近 80%，而回报率在 2~5 倍的基金的失败项目占比降到了 40%，但大于 5 倍回报率的基金的失败比例又呈提升趋势。这就说明，真正追求独角兽的基金，容错率反而更高一些。这就像贝比·鲁斯一样，为了打出本垒打，是可以经受更多三振出局的。

但是，这是否意味着每个人都可以毫无顾忌地为了追求成功而去冒险？事实上，贝比·鲁斯退役之后的这几十年里，棒球领域确实有大量的人在践行他的"贝比·鲁斯效应"。2012 年，有 136 位球员被三振出局 94 次以上。94 这个数字是贝比·鲁斯比赛生涯中单赛季被三振出局最多的次数，然而这 136 位球员并没有人真的打出类似数量的本垒打，或创造相同的胜绩。

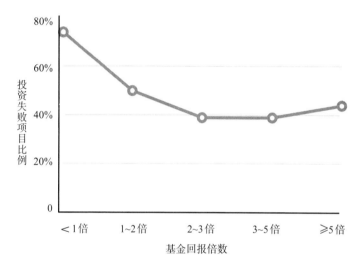

图5-4　真正追求独角兽的基金容错率反而更高

为了研究透这个问题，我找来了贝比·鲁斯的历史数据。我对比了他本垒打和被三振出局的比例，也就是表5-1中最后一行的比例，比例越高说明本垒打的可能性越高。

表5-1

年份	1917	1918	1919	1920	1921	1922	1923	1924	1925	1926	1927	1928	1929	1930	1931	1932	1933
本垒打	2	11	29	54	59	35	41	46	25	47	60	54	46	49	46	41	34
被三振	18	58	58	80	81	80	93	81	68	76	89	87	60	61	51	62	90
比例	11%	19%	50%	68%	73%	44%	44%	57%	37%	62%	67%	62%	77%	80%	90%	66%	38%

其中加粗的部分是几个明显的差异点：

1.1919 年，本垒打和被三振出局的比例突然从前一年的 19% 提升到了 50%，这是一个质变。历史原因是，在那一年之前，贝比·鲁斯都是被主要用作投手，兼职打击手。而 1919 年，贝比·鲁斯找到了球队教练，说我只能做这两件事中的其中一件。于是教练就让他专职做打击手。这说明，选择有时候确实比努力更重要，选对了适合自己的方向，成功的概率会显著提升。

2.1922 年，概率突然从前一年的 73% 下降到了 44%；1925年更是下降到了 37%。我研究了当时的背景，发现他在 1922 年事业正如日中天时，签了新的合约，薪酬是一个天文数字。据说从那以后他开始酗酒，直到 1925 年，他离婚，并被送进医院疗养 6 周时间。这或许可以说明，每个人在经历人生顶峰的时候，尤其是突然登顶的时候，也是最可能犯错的时候。

3.1932 年之前，可以看到贝比·鲁斯本垒打的比例是逐年上升的，1931 年更是达到了惊人的 90%，这意味着几乎他每被三振出局一次，下一次就会打出一个本垒打。而 1932 年，这个数字下降到 66%，是典型的职业生涯末期的表现。这一方面说明，成功的概率是可以通过努力和时间来提升的。另一方面说明，人要抓紧机遇，在正当年的高峰时候做效益最大化的事情。

回到投资上。很多人觉得，真正好的投资人是不靠运气的，也有人说，讲运气的都是道行浅的年轻人。但其实，我把人世间所有的事情分为三类：

1.只和自己有关的，比如健身、背单词，这类事情丝毫不靠运气，只要足够努力就会有收获，就能够成功。

2.只和外部有关的随机事件，比如掷骰子、赌大小点，不管自身如何努力，最终都是完全依靠外部概率。

3.和自身与外部都相关的，比如得州扑克、投资以及其他类似的绝大多数事情。这类事情最终的结果都是靠运气的，因为只要有外在因素的影响，你就永远无法百分之百地实现一件事。不同人所能做的，只是提高自己实现某种结果的概率，仅此而已。所以大多数事情是靠运气的，这句话没错。又所以，社会中的大多数事件都是概率事件。

既然得到这个结论，那对这些概率事件做选择的时候，计算数学期望就是最重要也是最科学的方法。

《黑天鹅》的作者纳西姆·塔勒布（Nassim Taleb）在他的另一本书《随机致富的傻瓜》中曾经举过一个有意思的例子。一个同事问他："你觉得某只股票的走势会怎么样？"纳西姆回答说："70%的大概率会涨。"但是，那个同事却发现纳西姆在做空这只股票，就质问他是否在要自己。

纳西姆用表5–2中的数据解释说，股票确实有70%的概率会涨，但涨幅可能只有1%，而有30%的概率跌所对应的跌幅却是－10%，这样算数学期望价值的话，买涨的期望价值是：

$$70\% \times 1\% + 30\% \times (-10\%) = -2.3\%$$

表5–2　关于期望价值的计算

事件	可能性	幅度	期望价值
行情上涨	70%	+1%	+0.7%
行情下跌	30%	－10%	－3.0%
总计	100%	/	－2.3%

所以，虽然涨是大概率事件，但买跌的预期结果却更优。这就是算期望价值的意义。

做 VC 也是要算期望价值的。比如 ofo 和摩拜，总有人不理解为什么会有这么多机构对其趋之若鹜，简单来说就是，虽然失败的概率高（又有哪个创业公司失败的概率不高呢？），但是一旦成功，就有可能带来惊人的回报，所以期望价值高，值得投资。

最后，我们都知道，概率事件重复得次数越多，事件本身发生的情况就会越趋近概率。就好像掷骰子一样，扔的次数越多，6 个点数出现的次数就越趋于平均。

表 5-3 是 Mattermark 统计的从 2009 年到 2012 年的部分获投企业后续融资的情况。从中可以看出，平均只有 0.3% 的项目能最终拿到 F 轮，当然，其间也许有些公司被收购，有些还不需要融 F 轮等。我们不妨假设一个获投公司最终成功退出的概率是 1%，再假设一个好的专业投资人的业绩水平可以达到平均值的 20 倍，那么其投资成功退出的概率就是 20%，这样说起来，这支基金至少要投资 5 个项目，才可能有一个成功退出。[①]

表 5-3 2009—2012 年部分获投企业后续融资情况

年份	种子	A轮	B轮	C轮	D轮	E轮	F轮
2009	100%	32.0%	21.0%	12.3%	5.0%	2.7%	1.4%
2010	100%	39.9%	26.0%	13.7%	4.1%	2.5%	0.8%
2011	100%	31.8%	14.6%	6.3%	1.6%	0.5%	0
2012	100%	28.1%	13.6%	4.2%	1.6%	0.2%	0.1%
平均值[①]	100%	31.7%	17.0%	7.4%	2.4%	1.0%	0.3%

---

① 注：该平均值为每年的绝对值相加再除以总和。

一支钱少的基金，在这个概率下，如果所投公司的数量不多，是很容易扔完钱却没有一丝效果的。所以总有人说，对于投资人来说，子弹的数量是很重要的一点。就像去玩抓娃娃机的人，一开始的投币，都是为最后抓到娃娃的那一枚币做铺垫。如果你口袋里没有足够多的币，没有尝试足够多的机会，你就会变成别人实现概率的垫脚石。

所以，总结一下：

1.成功的幅度往往比频次更重要。

2.追求成功不意味着单纯追求高风险，而是要追求高期望价值。

3.要想得到高期望价值，除了选择大收益的方向，还要不断锻炼自身，努力提高实现理想结果的概率。

4.概率再高也不是必然事件，所以要给自己预留充足的子弹，尝试足够多的机会。

但其实，如果你记得图5-1中贝比·鲁斯那张图里的最后一句话，你会发现以上的所有内容都有一个隐含前提。贝比·鲁斯在最后一句里说："I like to live as big as I can." 这句话是整篇文章的大前提，那就是你想成为一个最成功的人。

但其实，如果你不想，也许也挺好。谁规定人一辈子一定要活得那么辛苦呢？不同的选择罢了。

︱ 精选留言 ︱

rosicky311（明浩）：

科比在 NBA 也有很多"铁"（命中率低）的纪录，可又有什么关系呢?

作者回复:

读得这么快，回复又这么在点上，不愧是庄老师。

06 外卖兴起、个护畅销、在线教育火热背后的"粮票效应"

一次，我和高樟资本的范卫锋，还有挚信资本的张津剑，畅聊了几个小时。然后我发现，媒介、政策、人口变化的很多相关理论能够结合在一起，我把它们概括起来称为"粮票效应"。

在此把对话里一些有启发的内容拿出来与大家分享。

技术、渠道、人口、经济的四重变革

世界上所有商业机遇的原动力几乎就是这么几个，要么技术变了，要么人口结构变了，要么政策变了，要么经济环境变了。

这其中，技术变革往往直接带来的是渠道的变化，而渠道变化又会直接引发政策改变，因为新的渠道出现初期往往是没有监管的，所以就会出现明显的红利期。

而人口结构的变化和经济环境的变化往往是相辅相成的，经济环境影响了人口的增减与消费文化等，这反过来又随着一代人的成长而影响了经济。

莎士比亚的"流量红利"

内容的载体与渠道，很多情况下直接决定了内容的形式与传播影响力。比如最早期因为内容只能基于竹简做最简单的传播，所以所有内容都是尽可能的言简意赅，这直接影响了中国诗歌与成语的发展。

15世纪活字印刷术在西方出现，16世纪中叶莎士比亚出生。正是有了印刷术的存在，莎士比亚的作品才有机会被广泛阅读与留存。所以说，莎士比亚其实也算是抓住了印刷与出版的"流量红利"，而印刷与出版本身也是一种技术革新带来的渠道革命。

就如麦克卢汉所说的"媒介及信息"，即媒介的形式比内容更重要。比如微博这种形式，比在微博上发布的内容更能改变社会。打电话的形式、朋友圈的形式，以及社交网络的形式、BBS的形式等，都比内容变化本身更能影响社会。

技术和渠道的变革改变了信息传播的方式，这是更加具有革命性的变化。

监管与技术变革的混合产物

在美国，其实很早就有很多成熟的杂志、报业公司（20世纪七八十年代默多克的新闻集团就已经崭露头角），而在我国，是1997年前后才开始爆发。

比如1997年《南方都市报》创办，1998年《财经》杂志创刊。在文娱领域也一样，1998年《快乐大本营》推出、1998年《泰坦尼克号》上映。在此之前，中国电影的票房冠军还是《孔繁森》《鸦片战争》一类的电影。

那为什么是 1997 年？因为那年香港回归、党的十五大召开，总体延续了 1992 年邓小平的南方视察讲话政策，整体精神建设放开。

这就是我们所说的政策改变带来的渠道变革机遇。

但同时，在 1997—1998 年之间，还有几家公司成立了，它们分别是网易、搜狐、新浪。

这就是我们所说的技术变化带来的渠道变革机遇。

所以回头来看，由于政治政策的影响，两拨大的机遇的起点赶在了一起，这本身就非常有趣。

传统媒体因为政策放开而兴起，同时技术变革催生的新渠道也在兴起。所以在起点的时候，就注定了传统媒体偏悲剧的结局。

而当技术、渠道、人口、监管等红利合流的时候，就能带来更多的机会。比如，2009 年微博崛起，让传统媒体从主角变成配角；2012 年微信公众号平台上线，更是彻底颠覆了媒体行业的格局。

互联网人口的中轴线

由于人口分布的影响等，互联网人口变化趋势中有两条主轴，这两条主轴和中国人口的生育高峰密切相关。

中国有两波人口生育高峰，第一波是 1960—1975 年，这些人到 2005 年的时候是在 30~45 岁之间，有一点财富的积累，但是小时候几乎没有放开玩过、叛逆过。

所以，反叛成为这代人的明显特征。到 2005 年，终于有一个渠道能够让他们自由发声了，那就是新浪博客的推出。所以从那个时候开始，我们在网上看到越来越多的"老愤青"的言论。

中国的第二波生育高峰是 1980 — 1995 年之间，这波人成熟了，对应着反叛，他们的特点是喜欢自嘲。

另外，这里有一个点很有意思，就是互联网让社会话语权第一次出现了跨年龄层的"插队"。典型的例子就是青年意见领袖韩寒的出现。本来应该是在体制内、在传统媒体内根据年龄、资历来"论资排辈"的，在网络世界里却变成了混战。

人口结构的不连续性与势头

人们总说，人口是一种结构，既然是结构就肯定是不连续的，有形状才有结构。而除了不连续性，结构还有很重要的一点，就是势头。

比如 1960—1975 年本身是人口高峰，而这些人的自然成长又造成 1980—1995 年的第二波人口高峰，这其中形成的势头是很恐怖的。

为什么在我们现在这个时间点，1988 年左右出生的人的诉求变成了市场的主流现状呢？就是因为那年出生的人更多，就是这么简单粗暴。

回头来看全世界的人类文明史，都是寻找增量的过程。但这个增量是科技革命带来的吗？科技水平越高，东西就越便宜，特别是工业化时代，毛利率降低，带来整个社会收入减少。

那到底世界的增量在哪里？这个增量的核心是需求，需求来自哪儿？到底还是来自人口。这几年，中国大的增量最主要还是来自人口的增量，人口多了，需求就大了。

而除了人口结构，需求和文化也有很大关系。

文化就是一种交易成本，好的文化交易成本是很低的，差的文化交易成本就高。在公司内部也是一样，比如大家都信奉唯上主义、官僚主义，这个氛围就会阻碍人和人之间的信息传递，信息的交易成本就变得极高。

所以，人口结构和社会文化在很大程度决定了社会需求。

商业本质看美国，产业变化看日本

那为什么有些在中国发生的事情在美国发生不了？比如外卖在中国这么火，在美国就没有。这跟人口结构有极大的关系。

在"二战"期间，中国的人口结构缩小了很多。但是在整个"一战""二战"期间，美国的人口都是增加的。

全世界范围内，"二战"期间人口净增加的国家很少。比如波兰，"二战"时期男人都要被打没了。所以看它的人口结构图，男人那一半几乎没有了。

美国的人口数量，在整个"二战"期间是净增长的，这源自于大量难民的涌入。所以它的人口结构跟我们的人口结构完全不一样。

我们国家的人口结构跟日本是最像的。所以我们看美国时，要看它商业模式的变化，看它生意本质的变化。

但要看产业变化，还是要看日本。

人口与政策带来的实际影响

所以，上面讲了那么多，人口结构和政策变化到底如何影响了实际的经济结果呢？我们可以从家庭单位这个小的切入点来想一下。

兄弟姐妹的存在让我们在成长时期就能学会磨合，具备同理心。但计划生育的实施在一定程度上让人们的社交能力变差，所以带来的直接结果就是离婚率上升、单身率上升。

这种单身潮，开始让每个家庭的家庭单位变小了。以前可能是四口、五口之家，两位老人可能还跟子女住在一起。而现在更多是两口、三口之家，甚至一口之家。

这背后最大的区别是什么？四口、五口之家时代，母亲一般只出现在两个地方，一个是厨房，一个是客厅。所以那个年代，家庭消费品里面，最多的两个品类一是厨具，二是沙发、电视等。

那今天变成两口之家的时候，消费品发生了什么变化？卖得最好的两类东西一是家纺，二是个人护理用品。消费的场景，已经从厨房和客厅，转移到了浴室和卧室。

同样，为什么外卖在中国能发展起来？如果是四口、五口之家，不太可能经常叫外卖。不管从效率还是经济成本上来说，一个人都没理由做饭，才会需要外卖。

回头看日本，过去30多年的时间里，日本人的平均消费水平涨了大概七八倍，但是快餐价格水平涨了差不多十五六倍。同样是因为人口结构变化，让家庭单元变小了。

在这个基础上再延伸，那些计划生育年代成长起来的家长对孩子的态度，更具个人主义色彩。

所以，为什么在线教育可以发展起来？不仅仅是因为科技的发展，更重要的是这些身为"80后"的父母，不愿意长时间与他人相处，而且他们更希望拥有自己的时间。

如果送孩子到线下辅导班，送过去路上需要一小时，孩子上课需要两个小时，再花一小时回来，一共四个小时。

所以，不管线上教育的效果如何，节省的这个时间成本本身，对"80后"父母来说，就相当有价值了。

最后再举个例子。真正的消费升级，可以说是属于1993年之后出生的人。为什么是1993年？

1993年，粮票制度取消，让这群人在成长的过程里有绝对的物质安全感。而只有拥有物质安全感的人，才能跳出功能需要谈审美需要。

这群人长大以后，底层消费意识的变化才带来了真正的消费升级，所谓的经济变化落在"60后""70后"身上都呈现出了不一样的结果。

所以，很多经济现状的结果，背后都有人口和政策变化的影响，而且甚至可以追溯到早期的某项政策的转变。

这就是我所概括的"粮票效应"。

阶层固化带来的精神娱乐消费升级

为什么说未来精神娱乐消费升级是个大产业？

今天中国开始出现一种情况，那就是中产阶层的时间冗余。

中产阶层怎么会出现时间冗余呢？历史上一般只有贵族和平民才会出现时间冗余。因为一类实现了财富自由，一类根本找不到工作。

中产阶层极少有时间冗余，我们父母那一代人，工作日要加班，周末还要去充电，晚上还要看书。

但目前很多人是不加班的，下了班就回去看电视，追网剧。这里面有各种原因，其中很重要的一点就是阶层固化。

资产价格急速上涨，造成阶层很难跨越。我知道我努力，但就算多挣两千元钱，也买不起房子。于是只要能保证基本生活，中产阶层就不再像以前一样让自己那么忙碌了。

中产阶层有了时间冗余之后，一定是消费精神娱乐的。所以，精神娱乐，应该是未来时代的一个大主题。

07 解构和重组——商业世界的演进法则

解构

我在一篇文章中曾经提到了一个点，当时就引起很多人的兴趣，那个点叫作：解构硬件基础设施（unbundling the facilities）。

其实，在这个之前，我还分别在其他三篇文章里使用过"解构"（unbundle）这个概念。

在其中两篇文章中，我分别提到：

> 杂志和专辑的存在形态，本身就是被古老的硬件条件限制的结果。

> 突破了杂志这个纸质载体的限制后，哪怕"42章经"每周只发一篇文章，也可以是一本优秀的"周刊"；突破了唱片这个硬件CD（光盘）的限制后，哪怕只有一首单曲，也可以是一个完整而独立存在的优秀"专辑"。

另一篇文章中，我提到像宝洁这样的大品牌也正在被无数的独立领域的小品牌解构（见图7-1）。

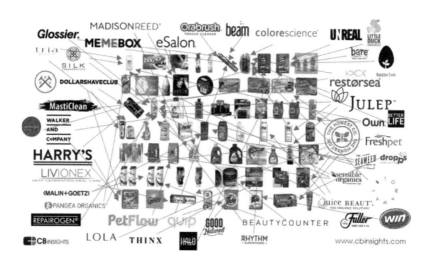

图7-1　正在被解构的宝洁

但以上这些"解构"的本质是什么呢？那就是渠道的变化。

所有的公司都是追求发展和增长的：传统公司的做法是，抓住一群用户，不断地给这群人提供更多的产品或服务；而互联网公司的做法是，做好一个产品或服务，不断地获取更多的用户。

为什么会有这样的差异呢？因为对于传统企业来说，渠道是核心资产和成本重心，所以传统企业做事情要围绕渠道。而线下渠道能接触到的人群是相对固定的，所以理性的选择就是围绕已经接触到的人群做更多事情。但互联网时代，渠道的成本是趋近于零的，所以企业在更多地围绕用户做文章。

比如对于快消品商家来说，货架的位置和数量是固定的，要最大化货架的转化率，要做的就是尽量让每个产品满足最多数人的需求，所以很多产品都是多功能的，比如洗发水都要有去屑、润发、护发、防脱发等功能。这样的好处是，一款产品能够满足每一个走进商场的潜在用户的需求，从而最大化产品的购买转化率（对他们来说，一款对每个用户都值 80 分的产品的价值，是要优于一款对某些用户值 60 分，而对另一些用户值 100 分的产品的）。

但是，要兼顾不同的用户群体，也会带来一定的问题：第一，特定用户为自己本不需要的产品功能付出了溢价；第二，特定用户没有享受到某种最有效的需求解决方案。而利用线上渠道，新品牌就能够很好地解决这两个问题。

再比如，另一个最经典的例子是报纸和杂志。过去的报纸和杂志，也要通过线下渠道分发，那么为了尽可能地满足所有人的需求，必须要设置包括体育、汽车、商业、娱乐、政治等在内的各种栏目。于是，过去经常发生的情况是，一个人买了一份报纸，最终消费的只有自己感兴趣的某几版的内容。但如果我只对体育栏目感兴趣，为何让我付出溢价购买其他栏目呢？所以，这就是现在各种更有深度的垂直媒体出现的原因。

这就是典型的围绕渠道做产品和围绕目标人群做产品的区别。

围绕线下渠道，传统商家追求的是用一款满足"最大公约数"的产品，解决用户需求的"并集"。而围绕线上渠道，现在的企业追求的是一款"极致"的产品，满足某个特定用户群体的最迫切需求。线上渠道带来的，就是低成本接触到超大量特定用户群体的机会。这在之前是不可想象的。

说到这里，我们还可以再继续延展"解构"的外延。首先，站在用户的角度，时间的碎片化也是一种解构。之前需要整段时间来消费的服务，变得零散化了，比如地铁上进行阅读，比如会议间隙玩会儿

"王者荣耀"。

地理属性的拆分，也是一种解构。之前需要到某个固定场所进行的消费，变得更触手可及了。比如楼下的便利店，比如商场内的迷你KTV。

服务流程的独立化，也是一种解构。之前完全一体化的连续流程，也可以变成并行服务。比如医院，是否可以把化验、诊疗、开药分成三个不同的实体机构来进行服务呢？所以，线上渠道的改变、消费水平的提升，都潜移默化地让人们更有意识地用最高效的方式去追求个人需求的最大化满足。这背后是精神需求高于物质需求，时间成本高于金钱成本所带来的结果。

而顺着这个思路，我们还可以发现很多现存的机会。

重组

随着很多事物的解构，单体事物的新的组织方式同时有了出现的机会（比如把传统杂志打散，再用垂直主题的维度去重新组合）。所以我们看到，网易云音乐把各种单曲组织起来，成为音乐平台；今日头条把各种单条新闻组织起来，成为新闻平台；京东把各种独立商品组织起来，成为电商平台。这些平台都是因为线上渠道的解构从而有了重组（rebundle）的可能性（释放了产品或服务的更多维度的属性），反过来又因为这些重组的平台，让解构的内容/产品/服务有了更多的扩散性。

而重组目前可见的最大好处就是能够高效地平摊用户获取成本，提高跨产品销售的转化利用率（我相信这也是垂直电商大多没有机会，而真正的平台型电商存活的原因）。

最后，在对同类型产品进行重组之后，平台型的公司难以免俗，还是会围绕人群进行服务的重组。比如京东的到家业务，比如今日头条的内涵段子、抖音等产品。对于这些平台来说，先做人群，再扩品类，最后做自营似乎是一条必经的道路。毕竟，增长是企业的"原罪"。

但企业该如何避免合久必分、分久必合呢？

有一个比较偏门的商业理论叫"轮毂理论"，其实解释起来很简单，就是把能够共享的基础服务部分作为轮子的中心，让外圈无数的产品部门以此为中心来独立运转。现在，整个社会都在分工细化的进程中，这个进程就是基础设施不断搭建的过程。其实每家公司就像一个小社会，所以我相信公司内部也是一样，要搭建基础设施，为其他产品和业务部分赋能，让每个产品部门都像一家创业公司一样运转才是极致。我管这叫"平台化自营"，配合产业基金的投资效果会更佳。这点腾讯早就做得很好了，小米做得也不错，美团和今日头条也后来居上了。

注：参考文章见 https://stratechery.com/2017/the-great-unbundling/

┃ 精选留言 ┃

悦人：

解构和重组每时每刻发生在每个商业体中，只是互联网产品因为以信息的形式存在貌似改造起来更容易；带着同样的设想的互联网人开始改造线下，比如自动售卖设备是解构，新零售是重构。

Huayi：

记得马云提出过所谓"大中台，小前台"的策略，跟曲老师这个中心思想神似。马云希望通过解构内部团队，把共性需求提炼出来以接口的形式提供给前台业务部门，从而避免"重复造轮子"。

08 人类不确定性 法则

最近瑞·达利欧（Ray Dalio）特别火，大家都在讲他升级版的新书《原则》[①]，为了捧达利欧，难免有人要把他拿出来和索罗斯对比下。其实，这两个人有一个相似点，那就是他们都希望被视为哲学家，而不是资本家。何况，索罗斯本来就是学哲学的。传统经济学强调人是理性的，2017年的诺贝尔经济学奖得主，强调人是非理性的。在这两者之外，可能还有一种"索罗斯派"。我总结一下索罗斯的观点：人理性不理性都没用，反正最终结果都是非理性的。

为什么这么说呢？我们可以从他发表的一篇论文说起。这篇论文的题目叫作"Fallibility, Reflexivity, and the Human Uncertainty Principle"（《可错性、反身性和人的不确定原则》）。在这篇论文里，索罗斯尝试把他的投资"原则"总结出来，形成一套经济学理论，即人类不确定性法则：人们对于其生活的世界的认知是不可能同时满足真实性、完整性和连贯性的。

在他的这套理论中，主要涵盖了两个要点。

第一，就是可错性（fallibility）。索罗斯认为，人们有可能弄清某件具体的事是怎么回事，但因为这个世界太过复杂，所以，一旦有人

---

① 《原则》中文版已由中信出版社于2018年1月出版。——编者注

试图总结规律，就会产生各种信息损失与误差，结果就是世人永远无法认清这个世界的真相。这就是可错性。

第二，就是反身性（reflexivity）。即每个人的意识都会反过来作用于事情本身，从而产生叠加的循环，而因为可错性的影响，大多时候由于人的介入，事物的发展会越来越向偏离轨道的方向发展。

有篇文章在讲这个问题的时候举了一个很好的例子：当你认识一个人的时候，如果提前听说这个人待人不友好，你就会在聊天的过程中全程戒备，但正是因为这种戒备，会让对方也难以与你正常交流，从而让你坚信了对方待人不友好的这个事实。先入为主的认知造成行为上的改变，最终反过来加强了错误的认知，这就是反身性。

再举一个更经典的例子，股市。很多人说过，股市其实是一个投票机器。因为短期内，最终决定股票涨跌的是购买股票人数的多少，而不是公司本身的业绩。买的人越多，股票涨得越厉害。所以，当买股票的时候，大多数人想的其实是，别人会不会也觉得这只股票好？会不会也买这只股票？根据反身性理论，每个人的这种意识都会叠加，即，我会想别人怎么想，别人也在想我会怎么想，所以最终达到层层叠加的状态。结果就是股价会处于一种虚高的状态，不断上升，而且越上升，人们就越会觉得这只股票厉害，越会继续购买。如此循环往复，直到泡沫破裂。

基于相似的理论，还曾经有人做过一个实验，实验的题目非常有趣。假设你是实验的参与者，你现在会拿到100张网红照片，然后需要你选出其中最美的5张。如果你选择的这5张和所有参与者投票得出的前5名最接近，就会赢得大奖。

这个例子其实和股票非常类似。这里的重点并不是谁是真的最漂亮的，而是你要去猜测，别人会选谁，因为最终衡量标准是你选的和别人选的是否一致。而且更重要的是，每个人都会猜"别人"会选什么。所以，最终选出来的结果其实是一种对于社会意识的虚假认知的结果，是基于你对于别人喜好的假想的结果。

在这个例子里，你可能会觉得当今社会大众就喜欢锥子脸、整容脸，所以哪怕你觉得这种其实很丑，但为了接近大众的选择，你也仍然会如此选择。关键是，除你之外的别人也会如此思考和选择，所以最终这个评选得出的前5名，很可能就是传统意义上的整容脸。而这种投票的结果又会不断加深大众的认知，于是最终所有人都会觉得社会上的"别人"都喜欢整容脸，哪怕事实上是完全相反的。

这就和选股票的道理一样。因为每个人都去猜测别人的想法，最终就会有一些完全不应该涨的股票涨了起来。

放在创投市场里，这个理论也一样说得通，甚至会更严重。因为创投市场的信息更不透明，企业变化更快，衡量标准更无规可循。所以，很多一级市场的投资人都会想：下一个风口在哪里？后期机构会喜欢什么样的创业者？ BAT（百度、阿里巴巴、腾讯简称）会接哪家公司的盘？在某家公司拿到投资之后，后期的机构也会想，为什么是这家拿到了投资？是不是它有什么我没有看到的优点？等等。于是，现在一般情况下，好的机构选择投资的公司就能更快成长起来。

也许你偶然听说，某某公司突然发展得很好，上一轮融资不顺，下一轮却被疯抢了。其实，可能只是因为拿到了上一轮的钱后，做了渠道推广，数据突飞猛进，而下一轮的机构害怕错过又很快进来，循环往复。这就是反身性的典型表现。（其实，一旦你知道了反身性，就会很容易发现在生活中到处都有反身性的存在。比如一次我们在做产品的时候，想让同事们从产品经理的角度去想用户可能需要的功能，但在那个瞬间，我突然意识到，这也是典型的反身性的表现了。）

为了避免在投资中受到反身性的影响，我们还做了一个小调研，研究到底什么样的创业者才是最终能做成大公司的（而不是大家认知中的）。我们搜集了近年来50家估值最高的企业的创始人的信息，最终得到了如下的统计结果（见图8–1、图8–2、图8–3、图8–4）。

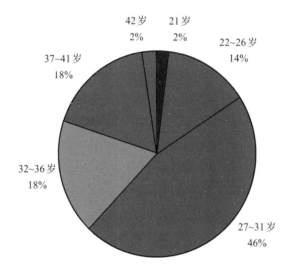

图8–1　创业者年龄分布

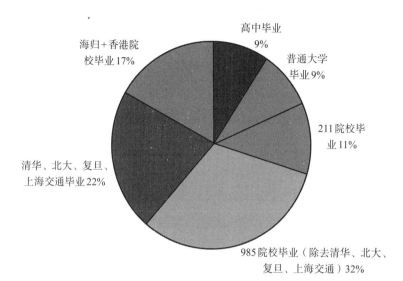

高中毕业
9%

普通大学
毕业 9%

211院校毕
业 11%

海归+香港院
校毕业17%

清华、北大、复旦、
上海交通毕业22%

985院校毕业（除去清华、北大、
复旦、上海交通）32%

图8-2　创业者的受教育情况（最高学历）

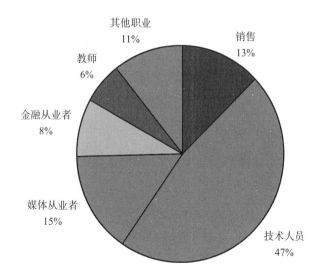

其他职业
11%

销售
13%

教师
6%

金融从业者
8%

媒体从业者
15%

技术人员
47%

图8-3　创业者职业出身

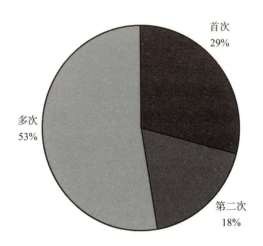

图8-4　创业者的创业次数

　　相信以上的数据，对于投资人盲选创业者，避免反身性思维，会有一定的参考价值。

｜精选留言｜

Rocky周艺：

看完后的第一反应是博弈论。纳什均衡使得同一时间内参与博弈的各方的策略是对其他参与方策略的最优反应。把投票那个例子推向极端，就能变成一个囚徒困境。假设只有一张网红脸和一张"80后"经典美女两张图片，但是游戏规则变了，博弈双方互相认识，知道对方喜欢什么类型（双方不是同一类型）。如果双方都选择遵从自己的喜好，则都获得10元话费；如果双方都违背自己的喜好，则都获得

100 元话费；如果一方遵从、一方违背自己的喜好，遵从喜好的可以获得 1 000 元话费，违背喜好的获得 0 元话费。这种情况下，双方只有两个选择：遵从和违背喜好。双方最优选择是遵从喜好。囚徒困境所反映出的深刻问题是，人类的个人理性有时能导致集体的非理性——聪明的人类会因自己的聪明而作茧自缚——探索人类的不确定性过程中，博弈论应该是一颗耀眼的明星。

09 未经审视的人生
不值得活

同理心与逻辑

这两天，很多人分享了美国最高法院大法官约翰·罗伯茨在他孩子毕业典礼上的讲话。

摘录部分翻译如下：

> 通常到这里参加毕业典礼的演讲嘉宾都会祝你们好运并送上祝福。我不会这样做，接下来我会告诉你们为什么。
>
> 在未来的很多年中，我祝福你时不时地被不公正对待，因而你会知道公正的价值。我祝福你会遭受背叛，因为它会让你感受到忠诚的重要性。
>
> 很抱歉，但我会祝福你时不时地感到孤独，因而你不会把朋友当作理所当然。
>
> 我祝福你有时会有坏运气，因而你会意识到概率和运气在人生中扮演的角色，并且理解你的成功并不完全是你应得的，而其他人的失败也并不完全是他们所应得的。
>
> 而当你失败的时候，时不时地，我希望你的对手会因为你的失败而幸灾乐祸，这会让你意识到有风度的竞争精神的重要性。

我祝福你会被忽视，因而你会意识到倾听他人的重要性。

我祝福你遭受刚刚好的痛苦，因为它能让你学会同理心。

无论我是否祝福你这些，它们都会发生。而你是否从中获益，取决于你是否能从你的不幸中参透它们想要传递给你的信息。

他这个分享很有意思，主题叫"I Wish You Bad Luck"（我祝你不幸并痛苦），主要讲的其实是同理心这件事——你要遭受过苦难，才能理解别人的苦难。

这当然是个真理。除此之外，他在分享中还提到了苏格拉底的一句名言——"未经审视的人生不值得活"。

我一定得沿着这个写写看，因为你要知道，我的微信签名很长时间以来都是："The unexamined life is not worth living. Empathy."（未经审视的人生不值得活。）

我非常爱这两件事情，以至我一直觉得同理心和逻辑这两门课应该放进中国小学生的必修课里，而且只有这样才能解决现在社会中的大多数问题。

柯洁与道

在输给AlphaGo之后，柯洁说自己对人生的看法有了巨大的改变。当时很多人觉得不至于，但我其实特别理解柯洁。

人的一生就是一个入道的过程，所谓的入道就是越来越能理解万物的运作法则。这也就是苏格拉底所说的"未经审视的人生不值得活"。如果你不知道人生运作的法则到底是怎样的，对你而言，一切事物的发生都是不可控的未知事件。

这个世界上大多数人都把既定的规则错认为原则或真理，而苏格拉底这句话所讲的就是，我们要不断地审视人生，要不断地寻求最本质的答案。追求最本质答案的过程本身是一个推理的过程，通过从无数的历史事件和真实情况中找寻规律，最终得出一个法则；而应用这个答案的过程就是演绎，用推理出的法则去预测和判断其他条件下可能发生的事件和结果。

埃隆·马斯克所提的"第一性原理"是这个道理，查理·芒格所说的"思维模型"其实也是类似的。也所以，"42章经"的口号一直是"思考事物本质"。那么怎么去寻找人生的法则？我认为人生过于虚无，以至其本身是无法被直接"审视"的。

所以，研究人生需要一个抓手。

每个人的"道"都会有一条主线索，这就是那个抓手。你得沿着这条线索去找人生的答案，这条线索往往就是你的工作或某件你所热爱的事情。

有的人以茶入道，有的人以武入道，在互联网行业里，有的人以产品入道，有的人以技术入道，当然，也有人以投资入道。在不断地研习一件事情的过程中，你就会突然灵光一现，找到某条可以应用于人生的法则。

所以我特别理解柯洁，他的人生法则是建立在围棋之上的，围棋世界的颠覆，也会带来他对人生理解的颠覆。

以投资入道

投资本身是审视人生的一个特别好的抓手，因为本来投资这件事就是需要我们去研究事物的运作法则。比如我在一篇文章中探讨过创业与投资中赌性和概率的问题，后来又在近半年后的文章中把这个问题想得更清楚和彻底：

1.成功的幅度往往比频次更重要；

2.追求成功不意味着单纯追求高风险，而是要追求高期望价值；

3.要想得到高期望价值，除了选择大收益的方向，还要不断锻炼自身，努力提高实现理想结果的概率；

4.概率再高也不是必然事件，所以要给自己预留充足的子弹，尝试足够多的机会。

我通过研究投资总结了这四点，也想透了人生、赌博、尝试、概率等事件之间的关系。再比如前面提到的马太效应，人生何处不相逢？在有关创业公司的一篇文章中我着重强调了稀缺资源的重要性。公司通过掌握稀缺资源形成壁垒，人也是一样。人最稀缺的资源就是时间，所以最伟大的投资原理就是一句话：做时间的朋友。此外，还有很多道理是我过去几年接触VC行业学到的。

比如在做投资的时候，我发现很多项目最后投资与否，与跟进的时间长短并非直接相关，最终往往还是最取决于第一次的见面。所以说第一印象与见面的方式很重要。

所以我极少主动去认识那些比我高出一个层次的人，因为这会让我们的关系永远停留在我弱他强的刻板模式之下。

比如我发现，好的创业者和投资人都是随着外部大势而起，所以我特别注意寻找外部结构性的机会。

比如我发现，很多创业者一开始不一定有特别多资源，但他做了以后就慢慢积累起了势能。其实很多人都想做些事情，但都误以为领头很难，而且大家都害怕承担风险，所以只要你大胆去做了，就会有各种资源找上门来了。

比如我发现很多事情一定要自己投身其中，一定要把钱、资源、时间放进去，才能有切实的体会和收获。所以我会自己做投资，投多少不重要，重点是从真实的交易中学习，锻炼心态和感觉。

比如做投资让我见过太多的人，但我最终发现一个人的能力和他所在的位置高低无关，一个人的品行又和他的能力大小无关。每个人都是从普通人一点点奋斗上去的，每个人都有自己的缺点和局限性。所以我敬佩每一个努力的人，也没有任何偶像。

比如很多时候资本市场中就是非常赤裸的利益关系。所以我学会了站在别人的角度考虑问题，想别人需要什么，想我能为别人提供什么，学会了站在利益分配机制中去寻找自己的位置。

比如我发现了匹配的价值。同样的一元钱，把它送给需要的人，而不是你最亲近的人，创造的价值更大。

比如我发现共享单车最终竟然多到让人偷也偷不完，发现小黄车竟然多到满大街都是，以至摩拜的定位系统的优势都能不复存在。这再次印证了用极限法思考问题的重要性。任何将会发生的事情，都终将发生。

比如通过研究不同的行业、不同的团队，我知道了应用控制变量法的重要性。

比如我发现很多规则最后都会因为人而改变，讲再多道理，最终最厉害的还是做一个有能力让别人喜欢自己的人（Be a likable person）。

比如这个圈子太小，以至真的没有任何秘密，你做过的所有事情都会被记录和评价。所以，如巴菲特所说，一个人真正的资产就是他的声誉和信用。

比如创业公司要做可升级的事情，那么我们个体也一样，不要用体力赚钱，不要做用时间去计价的事情，要用脑力赚钱。

比如基金其实是靠杠杆赚钱，每个人也要学会撬动杠杆。

最后，再分享一个有意思的事，在《咖啡公社》这部电影中，导演伍迪·艾伦还给苏格拉底的那句话加了后半句：But the examined one is no bargain.（一经审视清楚的人生就没别的可能了。）

未经审视的人生不值得活，但一经审视清楚的人生又还有什么意思呢？所以，经过审视的生活其实也不会简单，但就如《老友记》中所说：

"Welcome to the real world! It sucks, but you're gonna love it."（欢迎来到真实的世界！它糟透了，但你会爱上它。）

| 精选留言 |

张雪：

做VC一年，想清楚了帮别人做投资根本赚不了钱，同样的精力和能力做一个普通销售估计回报比投资人高多了。忙于执行而无思考的人生才最可怕。以投资入道的好处是，给了思考杠杆。

Mr.Peng：

同理心的本质也是一种审视：用你希望他人对待你的方式对他人。说真的，我真不相信成年人的"低情商"，只有不在意。

10 坐上火箭的人

我记得小时候历史课上，老师讲到"陈胜吴广起义"的时候说了一句话，大意是：某件历史运动是经济和社会发展带来的必然结果，所以哪怕今天没有陈胜、吴广，明天也会有吴胜、陈广。

那个时候，我一直想不明白，为什么可以把人作为个体的作用如此弱化？难道历史上的所有英雄都是无意义的？

后来，在参加了工作的这些年里，我不断分析逻辑与趋势，希望从历史中收获对未来的预判，从事实中找到底层世界的运作法则。

比如，我在之前的文章《为什么"持续赌小概率事件"的人才能成功？》中曾经提到我做的一项研究，其实这项研究很简单：我选择了一些在当今市场上有绝对代表性的互联网公司，研究它们的创始人的年龄与公司成立时间之间的关系。结果发现，创始人年龄差距很大，没有明显规律，而关于公司成立时间的研究结果却是能给人带来一些启发的。

你们猜：

网易、腾讯、携程、盛大、阿里巴巴、百度等这些传统巨头是哪年成立的？

小米、美团、蘑菇街、陌陌、今日头条、滴滴等这些新兴巨头又是哪年成立的？

答案是，上面一排的公司，都是 1997 年到 2000 年之间成立的，而下面一排的公司都是 2010 年到 2012 年之间成立的。

很明显，上面一排代表了互联网，而下面一排代表了移动互联网。

所以，不得不说，外部环境的重要性是要高于自身能力与努力的。

或者换一种更积极的说法吧：

一个人对外部环境变化的辨别能力（尤其是对转捩点的判断能力）所带来的各种"选择"，大多时候比努力更重要。

我想，这大概就是成功人士大都把成绩归因于运气的原因吧。

对于一个人短暂的寿命来说，某件突发事件可能是至关重要的转捩点，但在历史长河中，某个个体所能做的只是让一件事早一点发生或晚一点发生，但该发生的迟早会发生。

所以，这就带来了两个问题。

第一，人一辈子到底能有几次遇到转捩点的机会？

第二，如何预判转捩点与其背后的机会？

我们先来看第一个问题。

从个体来讲，参加高考、找工作、选择配偶等都是遇到转捩点的机会，但从更广大的外部环境来说呢？

我时常在想，如果我早出生几年，就会早入行几年，就能赶上移动互联网刚兴起的阶段，那么也许我的职业生涯发展到现在就是一个完全不同的结果。

假如你比我入行还晚怎么办呢？如果你已经完美错过了移动互联网兴起的高峰机遇，那这辈子是否还能有下一次机会呢？

何况，绝大多数人都会浪费上天给的第一次机会，这是一个练手与积累经验的过程，也是为了给第二次机会做准备。

所以我曾经写过一段话，说人生其实就是在等一次机会，在这个机会来临前，要预先做好各种准备，不管是人脉资源、金钱积累，还是个人能力等。

那么，人一辈子到底有几次遇到转捩点的机会？

在这里，有一个有趣的理论叫"人生发财靠康波"。

"康波"指的是俄罗斯经济学家康德拉季耶夫提出的经济学波动理论。

他研究发现，每一个大的经济周期基本都是 50 年左右长短，而在这 50 年之中经济发展存在四个阶段：繁荣、衰退、萧条、回升。

表10-1 世界经济史上的五轮"康波"（1782—2015）

长波（主导技术创新）	繁荣	衰退	萧条	回升
第一波（纺织工业和蒸汽机技术）（63年）	1782—1802年（20年）	1815—1825年（10年）（战争1802—1815）	1825—1836年（11年）	1836—1845年（9年）
第二波（钢铁和铁路技术）（47年）	1845—1866年（21年）	1866—1873年（7年）	1873—1883年（10年）	1883—1892年（9年）
第三波（电气和重化工业）（56年）	1892—1913年（21年）	1920—1929年（9年）（战争1913—1920）	1929—1937年（8年）	1937—1848年（11年）
第四波（汽车和电子计算机）（43年）	1948—1966年（18年）	1966—1973年（7年）	1973—1982年（9年）	1982—1991年（9年）

（续表）

长波（主导技术创新）	繁荣	衰退	萧条	回升
第五波（信息技术）	1991—2002或2004年	2002或2004—?	?	?

资料来源：①1973年以前参见雅各布·范桂因，《创新随时间的波动》，载于外国经济学研究会《现代外国经济学论文选》（第10期）［C］.北京：商务印书馆，1986年；1973年以后为陈漓高、齐俊妍所续。②陈漓高、齐俊研，《信息技术的外溢与第五轮经济长波的发展趋势》［J］.《世界经济研究》，2007(7)：《五轮世界经济长波进入衰退期的趋势、原因和特点分析》，2011年。第五波"康波"为周金涛划分。

按照这个理论，每个大的经济周期几乎都是来自几次大的科技革命，而每次科技革命大概持续50年的时间，所以每个人一辈子最多能经历一个经济周期多一点。

但是，从图10-1又可以看出来，在一个大周期内，也会有数次不大不小的周期性机会，比如信息革命中，就会有互联网和移动互联网这两次机会。

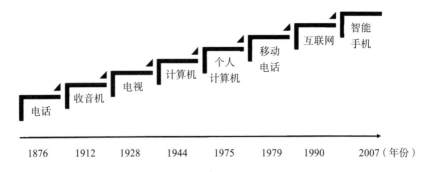

图10-1　一个大周期内，也会有数次不大不小的周期性机会（1876—2007）

所以，第一个问题的答案是：

每个人一辈子大概可以碰到的大周期有一两个，而可以利用的大机会有三四个。大多数人会在10多岁或20多岁的时候错过或浪费第一次机会，在30多岁的时候抓住第二次机会。而在40多岁甚至更晚的时候，还有心奋斗且还有余力的人已经很少了。

所以，一个人一辈子可能就有一次练手的机会和一次能够把握的机会，都错过了也就是错过了。

而且，这并不和50年长度的"康波"理论矛盾。比如，为什么互联网巨头们大而不倒？为什么现在新崛起的公司身上都有巨头的影子？就是因为巨头们真正抓住了"康波"机会的起势，而后面的人只能抓其后的小机会。

回答完第一个问题再来看第二个：如何预判转捩点与其背后的机会？

首先，转捩点什么时候出现是否可预测？

这就好像在问，能不能判断科技创新的时间节点一样，我觉得是很难的。

但好在，科技创新与实际的应用之间还存在一定的差距，所以就像美国知名风投公司Benchmark 的合伙人马特·考勒（Matt Cohler）所说的："我的工作不是预测未来，是最早感知当下。"（My job is not to predict the future, it's to notice the present first.）

所以，就好比虽然智能手机是2007 年就出现了，但每个人都可以有两三年的观察和反应的时间，就算2010 年开始进入还是算非常早的。

那么转捩点出现后，背后的机会是否可预测？我觉得可以。

马克·吐温曾经说过一句话："历史不会重复，但是会惊人的相似。"（History does not repeat itself, but it does often rhyme.）

从市场发展的角度来说，为什么这句话讲得通呢？

因为一切市场行为都围绕需求发展，而需求是扎根在人内心的，不会被重新创造。所以，随着科技的发展，被不断重塑的只是针对统一底层需求的新的解决方案而已。

于是，只要不断地观察之前几次科技革命所带来的发展历史和结果，并且不断洞悉人们的底层需求，就能对未来的科技发展进行一定程度上的预判。

图10-2、表10-2是我引用的创新工场汪华、美团王兴所做的图、表。其中体现的就是放之四海而皆准的道理，是下一次科技革命来了以后，照样可以用的。

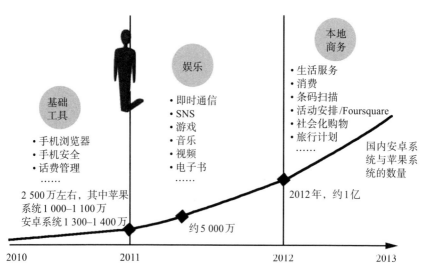

图10-2　任何科技兴起后都会从基础工具发展到娱乐，再发展到本地商务

在移动互联网刚刚兴起的时候，汪华就很准确地预测了应用场景的走向。任何科技兴起后，都会从基础工具发展到娱乐，再发展到本地商务。

表10-2　互联网发展从娱乐到商务

	娱乐	信息	通信	商务
搜索	网页游戏、MP3搜索、棋牌类游戏	新闻门户、论坛、维基、网页搜索	电子邮件、即时通信、网络电话	B2C、C2C、B2B
社交	社交游戏	RSS（简易信息聚合）、脸书	推特、微博	美丽说、蘑菇街
移动	手机游戏	今日头条	微信	美团、口袋购物
物联网	？	Dropcam（一家家庭监控摄像头创业公司）	？	？

王兴依靠四纵三横的模型不断寻找创业机会，并且最后补充了物联网维度，把模型升级到了四纵四横。ofo、摩拜和现在的各种新零售，都是可以归结于其中的。

再比如，图10-3就展示了每一个革新性的硬件平台出现之后，市场会如何发展。

从最中间的黑色圆形代表的新兴硬件平台算起，市场的发展顺序是从平台级应用（如微信、脸书），发展到主要应用（手机中日常会经常使用的10多个手机应用），再到细分应用（如各种垂直社区和应用等）。

所以说，通过以上的模型，还是可以发现一定的套路来预测转捩点的出现与其背后的机会的。

应用类型

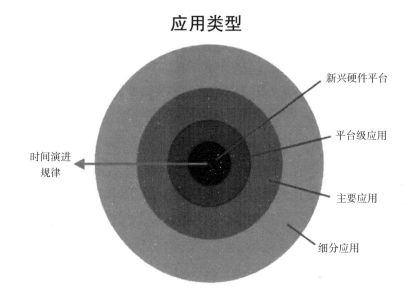

图10-3 革新性的硬件平台出现后的市场发展路径

而如果你还想了解更多背后的原理性的判断法则，我强烈推荐你阅读本书收录的《怎样的创业公司才能突破重围》一文。这篇文章中讲了Gartner曲线背后的原因，其实也可以呼应所谓的"康波"的四个周期的产生原因了。

所以，看到这里我希望你能明白，其实人这一辈子就靠那么一两次结构性机会，而判断结构性机会也有套路可循，关键就看你是否能把握得住。

就像那句至理名言所讲的：

"如果火箭上有个位置，你要做的是赶紧跳上去，而不是计较位置好坏。"

希望你们每个人都能坐上自己的火箭。

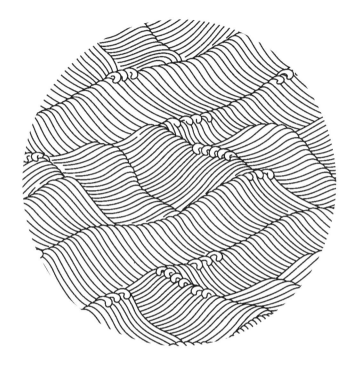

一

内功

一

11 "早知道这些我的公司就不会死" 系列（一）：CAC、LTV、PBP

创业是件有门槛的事情，是有很多已知的规律、科学的概念和通用的方法论的，而且这些东西越到后期就越能显现出其差异化的价值。

过去一两年全球资本市场最大的一个问题，就是用毛利换增长。很多投资人和创业者都一味地把用户数或销售额的增长当作判定一家公司发展好坏的首要标准，结果就是大量创业公司在没有验证好商业模式的情况下就盲目扩张，最后的结局就是半道崩殂。

为什么会有投资人愿意把钱给创业者去烧？在毫无赢利模式的前提下，创业者讲的是一个怎样动听的故事？这里就要提到今天我们所说的这三个最基本的要素，甚至可以说一切的生意（或故事）都离不开的这三个词——CAC（customer acquisition cost，用户获取成本）、LTV（life time value，用户的终身价值）、PBP（payback period，回收期）。

假设一家创业公司为了获取客户而提供免费上门洗车的服务，而每次洗车的成本（算上人工和交通成本等）是30元（纯猜测），那么这家公司的CAC，即用户获取成本就是30元。而这家公司的创始人很可能跟投资人讲的故事是：

> 我通过损失30元获取来的客户，未来会持续地在我这里花钱

洗车，而且因为我们和客户建立了联系与信任，这个客户以后的保养、维修、保险等跟车有关的消费都会发生在我的平台上，而后续的这些服务能够带来的收入是每个用户3 000元，又假设毛利率是10%的话，赚到的钱平均加在一起合理的猜测是300元，也就是说每个用户我花30元，带回来300元，净赚270元。所以我要融资300万，去除工资等必需的花费，剩下的钱还可以用来获取5万名用户，每个用户能赚300元的话，就产生了1 500万元的潜在收入。怎么样，是不是很诱人？所以赶快投资我吧！

每个用户未来能够贡献的300元毛利，就是LTV。当然，这只是一个超级简化的版本，实际上创始人还要回答很多投资人会考虑的问题，比如复购率、流失率、用户获取渠道等，但归根结底投资人看的就是，一家公司花出去的钱，能不能带来更大的回报，哪怕这个回报相对来讲是长期的，也就是说，到底这家公司的LTV是否能够大于CAC。

在这个问题上，最近两年"画饼"最成功的（到目前为止也确实做得很好的）一家公司叫滴滴。通过大量出租车补贴带来用户，然后发展专车，又推出快车、顺风车、巴士、代驾等新的互联网出行方式，再到试水新车销售、保险销售等，说不定未来还会有什么二手车销售、游艇销售、房车销售……总之，其未来会发展一切与出行有关的生意，那么这里的LTV潜力简直高到不行，所以投资人们愿意把大量的钱砸在CAC上，做补贴，抢用户，就是这个道理。

当然，虽然洗车公司和滴滴讲的故事略微类似，但重点在于谁的"切入点"更靠谱。之所以那么多洗车平台都死掉了，就是因为它们讲的故事都缺失了很重要的一环，那就是用户留存低、服务拓展性弱。出租车出行是刚需，供给有限，且可以自然延伸到专车和代驾等出行市场，洗车却几乎是处处反面。

故事讲完了，我们再一起具体看下CAC、LTV和PBP的科学的计算方式。

CAC看似简单，就是获取一个用户的成本，但其实也有几个要注意的地方：

1.当你花费了1 000元在两个广告渠道上（各500元），一个渠道带来0个客户，一个渠道带来5个客户，那么有的人会用500元除以5个客户数，得出自己的用户获取成本是100元，而忽略了另外无效的部分。但其实应该是用1 000元的总花费除以5个客户数，得出每个用户的获取成本为200元。这个金额才是你为了带来每个用户所花费的最真实的成本，也是之后预算的基础。

2.若你某一段时间的用户增长为100人，共花费了1 000元的渠道费用，那么你的用户获取成本也许不是10元，因为这100人里也许有自然增长的成分，并不都是通过1 000元的渠道费用而来。举例来说，像"足迹"这类现象级的用户增长，如果不把自然增长和渠道增长分开，那么最后得出的结果一定是非常有误导性的。

所以总的来说，CAC应该是总的市场相关的花费（甚至应该包括销售、市场人员的工资等）除以总的对应花费带来的所有新用户数，而且这里的CAC是一个平均值，如果你使用了不同的渠道，那么每个渠道都会有一个自己的CAC，这里就有很多可以对比优化的空间。

可以看到，哪怕只是简单的CAC也有非常多的学问和维度，所以在创始人、FA（财务顾问）、VC、PE（私募股权投资）之间，其实可能是有很多坑或不同的表达方式的。现在很多投资人只会问你用户获取成本是多少，连他们自己都不会把各种渠道和各种情况分析得那么透彻，于是这里就可能存在尽职调查不到位的问题。当然，最可怕的还是创始人自己概念不清，而采取了错误的发展策略。

LTV本身的复杂性和预判难度会高一些。简单来讲，如字面意思，LTV就是获取的用户能够为公司带来的总价值。但在计算的时候也有如下问题需要注意：

1.很多人用"收入"来计算LTV是错误的，LTV应该用毛利来计算，因为你要衡量的是你花出去的钱到底能不能赚回来，所以要用真正赚到手的钱来计算。

2.计算LTV要考虑到用户的流失率，即必然不是所有用户都会一直使用一家公司提供的某种服务（如果公司在1月获得的100个用户，到2月仅剩下90个，则月流失率为10%，相对应的留存率为90%）。当然对于留存率来说还有一个复杂的同组分析（cohort analysis）表格来专门分析，也不是那么简单的，这在本系列之后的文章中会专门介绍。

最后，如果要把用户购买频次或客单价的变化也考虑进来，就会变得非常复杂和难以准确判断了。（这里也可以合理地参考历史数据，得出一个历史上已经发生了的某个客户的连续购买所带来的总利润额。）

所以相对准确的计算公式是：

（某个用户每个月的购买频次 × 每次的客单价 × 毛利率）×

（1/月流失率）=LTV

其中的"1/月流失率"可以得出每个客户在该平台平均能够留存的总时长是多少月。市场普遍认为，LTV>CAC的时候公司是有可能性的，LTV<CAC的时候模式是无意义的，而LTV/CAC=3的时候是公司最能健康发展的（小于3说明转化效率低，大于3说明在市场拓展上还太保守）。

最后，PBP的意思是花出去的用户获取成本可以在多长时间内回本。如果忽略PBP，哪怕LTV>CAC公司也可能会出问题。一般市场上认为，PBP在一年以内为佳，因为LTV的计算是可以长达5~10年的，但现金流和融资压力却是逐年累积的。PBP越短，越有利于公司的现金流和再投入，也能减轻公司的融资压力等。之前市场上很多玩家就是只关注LTV和CAC，却忽略了PBP，所以在市场变动期就会处于比较尴尬的境地。

在市场好的时候，投资人更关注潜在的LTV，在市场不好的时候，则会希望PBP越短越好。作为创业者，可以在不同的时期有不同的侧重点，但请务必确认这个侧重点是在你摸清所有可能性和后果的前提下做出的，每个创业者都需要有一套最基本的创业理论，并在运营公司和融资的时候用其武装自己。

创业也许是一门艺术，但那也一定建立在科学的基础之上。这是"42章经"发的本系列文章的第一篇，后续还会为大家介绍留存率分析、市场空间的量化计算（total addressable market）、衡量用户满意度指标（net promoter score）等一系列创投必备知识的定义和使用方式。每一个创业者都应该对这些指标和概念如数家珍，这都是公司的立命之本，而且很大概率上也是每天需要观测的数据、内部设定的KPI（关键绩效指标）与后续融资投资机构必看的数字。

本文参考了马克·舒斯特尔（Mark Suster）与戴维·斯科克（David Skok）的部分日志内容，感谢这些乐于分享的投资人和创业者，希望国内的这种风气也可以越来越浓。

12 "早知道这些我的公司就不会死" 系列（二）：Cohort Analysis

公司的经营数据真的像你想的一样好吗？

A和B两家公司都是化妆品电商平台，它们几乎在同一时间开始上线。在各自的公司运作半年以后，作为同行的两位创始人坐到一起交流数据和经营心得。

"我们前半年一共有2万个用户注册了。"A创始人说。

"我们前半年一共有3万个用户注册！"B创始人说。

那么，A和B两家公司谁经营得更好呢？（注册用户数高的公司，获取新用户做得更好）

"我们的2万个注册用户里可是有1.8万个下单用户。"A创始人说。

"我们的3万个注册用户里下单的只有1.5万个。"B创始人说。

A好还是B好？（下单用户数高的公司，注册到下单的转化过程做得更好）

"但是这1.8万个前半年下过单的客户在上个月还下单的只有5 000个了。"A创始人说。

"我们的1.5万个里上个月还在下单的有1万个。"B创始人说。

A好还是B好？（在最近一个月下单用户数高的，能说明留存做得好吗？）

"我们留下的这5 000个都是最早几个月就获取的还在继续下单的客户。"A创始人说。

"我们这1万个下单的都是上个月最新获取的客户。"B创始人说。

A好还是B好？

实际情况是，A公司的新增做得不如B公司，而B公司的留存做得不如A公司。那么作为创业者或投资人，如果非要选择的话，A公司是优于B公司的。因为在一家早期公司，产品和用户留存的重要性是优于其他方面的，如果留存做得足够好，只要掌握了用户增长的方式方法，那么总能够厚积薄发。但如果只有增长、没有留存，那很可能永远都抓不住用户的痛点，最后什么都不剩。就好像B公司，一共1.8万个下过单的用户，上个月剩下1万个，但这1万个又都是上个月刚刚新增的下单用户，那么很可能的情况是，到了再下个月，这1万个也不见了。而A公司至少还会持续有5 000左右的下单用户。

如图12-1，线①为合理的留存变化，最终平缓地维持在一个水平，而线②为非常糟糕的需要尽快改变的情况，随着时间的延长，所有的客户都会流失。结合我们在该系列文章第一篇中提到的，前一种的LTV要比后一种不知道高到哪里去了。

当然，这里基本只考虑了用户获取和留存的情况，实际上如果真的要比较两家公司，还有更多的交易数据维度等。比如每个客户的客单价是多少，采购频次如何，交付时间多长等。（根据上面我们分析的数据，想想看，客单价高真的就一定更好吗？是否可能有某几家客单价几万元，而剩下的客单价只有几元的情况？）

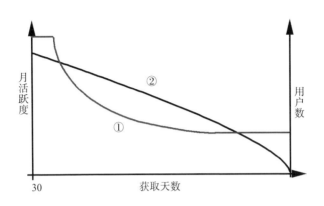

图12-1 留存变化情况

所以数据是会骗人的，尤其是平均数据（真实情况会有用户每个月下单2.5次吗？很可能是两个分别下单1次和4次的用户而已），一个中等的平均的用户画像其实完全是用数据创造出来的虚幻的形象。要真正从数据层面掌握一家公司的情况，就要把数据不断地分组和细分，而投资人最常用的一个分析工具就叫作"分组分析"（又称同期群分析）。

而在创投圈里，最常用到的一种分组就是按照不同时期进入的用户，分别考察其后续的行为情况（比如分别统计第一个月、第二个月、第三个月……获取的新客户在后续几个月的下单情况），所以分组分析又可以叫作同期群分析。

使用分组分析剖析你的数据

在中文互联网世界里，详细介绍分组分析的文章少得可怜，而这个工具又是最常用、最易用、最必要的工具之一，所以下面我就给大家具体介绍该如何理解和使用它。

　　表12–1是一个最典型的分组分析表格。其中第一列为自然月的排列（按照月份为维度一般是投资人会看的时间长度，建议创业公司内部都按照周为维度来监测数据），第二列为对应每个自然月的新增用户数，1~10月数据为当月新增的用户数在后续每个月的留存情况。比如1月公司新增用户80个，在当月流失2个剩余78个（流失和留存的定义每个公司都可能不同，根据不同定义，也可能第一个月的留存都是100%），在2月又流失了3个还剩下75个，以此类推。所以比如3月的总下单用户数是261，其实是由1月新增还剩下的72个，2月新增还剩下的86个，和3月刚刚新增的103个组成的。

　　表12–2是根据表12–1中的留存数据计算得出的留存率。这里可以注意到，表12–2把表12–1的表格内容左右倒置了一下，而且表中的时间从表12–1中的1月、2月、3月……改为了0、1、2……表12–1中的1月、2月等为自然月，而这里则是间隔的月份。0代表当月，1代表1个月之后，以此类推。所以根据这张表格我们可以得到：

　　1.横向比较，可以看出每月新增用户在后续各月的留存率情况。

　　2.纵向比较，可以看出不同月份新增用户，分别在当月、下个月、下下个月等的留存表现。

　　对应这两点，一家好的公司应有的趋势是：

　　1.横向的留存数据最终会在某个月份之后停留在一个固定的留存率上，比如某个月获取的100个用户，在半年后每个月的留存率都稳定在60%，这就说明这批用户是稳定留存下来的。如果留存率是一直下降的（哪怕下降的速度很慢），也会在之后的某个月份归零，也就是说不管新增多少用户，最终都一个不剩。

表12-1　每月的留存用户数

月份	新增用户	1月	2月	3月	4月	5月	6月	7月	8月	9月	10月
1月	80	78	75	72	70	69	67	66	66	65	64
2月	88		88	86	82	78	77	76	73	72	70
3月	105			103	103	98	94	92	90	86	82
4月	110				107	106	102	99	97	92	90
5月	115					114	112	105	98	97	96
6月	128						128	122	119	115	110
7月	137							136	129	122	118
8月	151								149	145	135
9月	161									158	154
10月	168										167
当月总下单用户数		78	163	261	362	465	580	696	821	952	1 086

表12-2　每月的用户留存率

月份	新增用户	0	1	2	3	4	5	6	7	8	9
1月	80	97.50%	93.75%	90.00%	87.50%	86.25%	83.75%	82.50%	82.50%	81.25%	80.00%
2月	88	100.00%	97.73%	93.18%	88.64%	87.50%	86.36%	82.95%	81.82%	79.55%	
3月	105	98.10%	98.10%	93.33%	89.52%	87.62%	85.71%	81.90%	78.10%		
4月	110	97.27%	96.36%	92.73%	90.00%	88.18%	83.64%	81.82%			
5月	115	99.13%	97.39%	91.30%	85.22%	84.35%	83.48%				
6月	128	100.00%	95.31%	92.97%	89.84%	85.94%					
7月	137	99.27%	94.16%	89.05%	86.13%						
8月	151	98.68%	96.03%	89.04%							
9月	161	98.14%	95.65%								
10月	168	99.40%									
平均留存率		98.79%	96.00%	91.36%	88.07%	86.58%	84.54%	82.25%	80.59%	80.36%	80.00%

2.纵向的留存数据应该是越来越好的。因为公司和创始团队应该不断地根据历史情况改进产品和体验等，所以越后加入的用户，应该能享受到越好的产品和服务，后续几个月的留存率就应该更高。

对比以上两点和表格中的数据，可以看到我们上面用来举例的这家公司做得还不够好。

表12–3是根据留存数据转化的流失率的表格，和留存率唯一不同的地方是，这个数据是根据前一个月的数据分别计算的流失率。比如我们留存率的表格中，1月新用户在0个月的时候的留存率是97.5%，1个月之后的留存率是93.75%，而表12–3中的流失率分别是2.5%和3.75%（而不是6.25%）。这样组织数据可以让我们更好地看到具体每个月的流失率的情况，也可以知道是哪个月做得最有问题。

表12–3　每月的流失率

0	1	2	3	4	5	6	7	8	9
2.50%	3.75%	3.75%	2.50%	1.25%	2.50%	1.25%	0	1.25%	1.25%
0	2.27%	4.55%	4.55%	1.14%	1.14%	3.41%	1.14%	2.27%	
1.90%	0	4.76%	3.81%	1.90%	1.90%	3.81%	3.81%		
2.73%	0.91%	3.64%	2.73%	1.82%	4.55%	1.82%			
0.87%	1.74%	6.09%	6.09%	0.87%	0.87%				
0	4.69%	2.34%	3.13%	3.91%					
0.73%	5.11%	5.11%	2.92%						
1.32%	2.65%	6.62%							
1.86%	2.48%								
0.60%									
1.21%	2.70%	4.70%	3.67%	1.92%	2.21%	2.61%	1.83%	1.79	1.25%

上面就基本说清了用户相关的分组分析该如何做，根据分组分析我们可以更好地知道一家公司具体的运营情况，而且是分组的且有时间延展性的。你可以看到每月的新增用户数量的变化情况（是否在合理增长），不同月份新增用户在后续每个月的留存情况（留存率是否合理？是否有某个月的数据反常？比如可能某个月的新增渠道改变，造成新增用户的质量有差异，所以后续每月的流失率都下降更快），每个月的流失率情况（是否某个月因为做了什么动作而造成历史用户的流失率大幅上升）等。如果只看当月的总用户情况，那么上述这些问题都会被掩盖，尤其是新增用户数量大的时候，表面看起来公司用户是在增长，但很可能全都是靠新增用户拉动的。

进阶版分组分析

分组分析用于用户分析的情况基本在上面已经说清了，但其实根据分组分析的特性，分组分析还有非常多其他的用法。

比如对于一般公司来说，当月的收入其实可以拆为：总下单用户数 × 每个用户的下单次数 × 单次的客单价。（比如当月有300个用户下单，平均每个客户下单3次，平均单次客单价100元，那么当月总收入就是9万元。）看到这里，以后每次看到"平均"两个字，你就应该警惕了。那么多客户，平均3次和100元，但实际上不同客户的情况呢？这里就可以用分组分析来判断。比如1月获取的客户，在1月下单的次数是2次，2月下单的次数是3次，3月下单的次数是4次，那么在分组分析表格中，我们就可以用下单次数来替换留存率和流失率所对应的位置。

于是就得出表12-4所示的情况。同理，客单价也是可以分别对应到不同的位置，就不再赘述了。所以，通过不同维度的分组分析，你可以看到用户随着留存时间的增加，是否与平台建立了更深的关系？每个用户是否会购买更多的次数，或每次是否会花费更多的金额？这样，最终每个月的销售额都可以被分解到非常细的维度。

而且，除了按不同时间获取的客户来分类，还可以按照不同的行为分类，比如表格的第一列可以是当月App浏览时间超过10小时的用户，也可以是参与某种优惠活动的客户等，而右侧表格可以监测该用户群体的各种行为情况，比如参与了优惠活动的客户在后续几个月的留存率是否会更高？下单金额是否会更高？等等。总之，左侧是按照某种定义区分的用户群体，右侧是这些用户可被监测的某种动作。

所以，只有真正掌握了分组分析的方法，才能够对公司真实的运营情况有更好的了解，而为了更好地使用分组分析的方法，从一开始的数据监测和组织结构就要做好准备。就像开尔文所说的：

"If you cannot measure it, you cannot improve it."（你不能监测的东西，也无从改善。）

表12-4 平均下单次数

月份	新增用户	1月	2月	3月	4月	5月	6月	7月	8月	9月	10月
1月	80	2.0	3.0	4.0	4.5	4.8	5.0	5.1	4.8	5.0	4.0
2月	88		2.0	3.0	3.5	4.5	4.6	5.0	4.9	5.1	4.2
3月	105			2.1	3.0	4.0	4.5	4.8	5.0	5.0	4.1
4月	110				2.2	3.2	4.2	4.7	4.3	4.6	3.9
5月	115					2.1	3.6	4.0	4.5	4.7	3.6
6月	128						2.3	3.3	4.0	4.2	3.4
7月	137							2.4	3.5	3.9	3.0
8月	151									3.0	2.9
9月	161									2.3	2.8
10月	168										2.0

13 "上万亿的市场，为啥投资人还是觉得小？"

"上万亿的市场，为啥投资人还是觉得小？"这是创业者小 A 问我的一个问题。"他们不会是想要把我的点子拿走，找别的团队做吧？"他提问的时候垂头丧气，甚至怀疑那些投资人是在故意刁难他。但与此同时，众多的投资人又确实在私下交流中抱怨，苦于找不到足够大的市场进行投资。

那到底什么样的市场才算过关呢？（市场："怪我咯？！"）

对于创业者来说，这里其实有两点要注意：

1. 你是否真正了解你所处的市场？

2. 你是否能够合理表达并说服别人？

于是，为了搞清楚为什么投资人不喜欢小 A 的这个"上万亿"的市场，我帮他做了一次实战演练。这次演练主要围绕关于市场空间的讨论。（以下所有数据均为虚构，如有雷同，你就拿它去创业吧。）

潜在市场规模

"我们要做的是在线电商的生意，打算做自己的民族服装互联网品牌。你看现在中产阶层消费崛起，国内有很好的制造能力，却没有自己的品牌，钱都白白让国外的那些商家赚走了。所以，我们觉得这里有个很好的机会,打算切入这个市场。根据网上查询的数据,预计这是一个总共有2万亿的服饰市场。所以机会非常大。"小A如此说。

这就是小A心中所想的上万亿市场的由来,但大多数的投资者听到这里心里就已经开始打退堂鼓。为什么?因为从这段话我们就可以看出来小A对自己面临的市场情况和数字是没有概念的。小A做的事情是随便在网上找了一个感觉贴切并且足够大的数字扔出来,而投资人做的是计算TAM(total addressable market,潜在市场规模),也就是真正的潜在可以达到的市场规模。

怎么从这个"2万亿",演化到TAM呢?

1. 服饰市场可能包括了各种服装和首饰等,而小A的公司一上来做的只有衬衣,那么经过比对,服装市场占2万亿的50%,而衬衣市场又占服装市场的10%,所以实际市场只有2万亿的5%,也就是1 000亿。

2. 这1 000亿当中,有80%现在是通过线下渠道售卖的,而因为小A的公司做的是互联网品牌,只在线上售卖,所以市场空间只有剩下的20%,也就是200亿。

3. 小A的公司一开始定位的是中高端市场,这个市场只占整个线上售卖市场的30%,所以最后剩下的是60亿。

所以小A口中的2万亿市场,到了投资人眼中,实际上只剩下了60亿。(你看,这还没管小A是卖男装卖女装,是卖老年服装还是卖童装对不对?)

市场增长、市场份额、市场净价值

当然,虽然现在是60亿,但投资人也会同样关注整个市场的成长性，即市场增长。在小A公司这个案例中，每次我们做比例细分的时候，就是市场获得成长的机会。比如整个国内服装市场的增速，线上渠道售卖的迁移，和中高端品牌在整个市场的占比，这三点都是非常重要的参考指标。（一个一开始不大，却具有高速成长性的市场，是最适合创业的。比如最早的海淘市场、母婴市场等。）

增长性的另一个维度是，如果我把某种产品做到更易用、更便宜，那么有多少本来不使用的人会变为新的使用者？如果我把中高端衬衣做得足够便宜，那么是否因为我的存在，就把这个市场本身变得更大了呢？答案当然是有可能的。比如最早的时候人们去预估手机销量，是根据当时BB机和"大哥大"（暴露年龄系列）的持有量来预估的，那么谁能想到会有智能手机今天的持有量呢？

另外，投资人会考虑这个市场到底是能够一方垄断的，还是一个充分竞争的分散的市场，这直接决定了你能够获得多少的市场份额（TAM是假设当一家公司拥有100%的市场份额的时候的市场规模）。衬衣市场显然很难垄断，甚至很难达到很大的市场份额（一般在任何充分竞争的市场，在有限时间内能够达到5%的市场份额已经是很不错了），所以实际上对于投资人来说，这虽然是个60亿的市场，但小A哪怕做到极致，能够拥有的市场份额也就是5%左右，也就是3亿。而如果市场增长算下来每年是30%（消费升级、中产阶层崛起的大势下，我们就多算一些增长），那么三年以后，市场规模就是6.6亿。

最后，市场净价值是说，公司要分清整个市场发生的费用，和自己实际收入之间的关系，我们要计算的是一家公司的实际销售收入，而不是在公司平台上发生的流水。

从下向上推演

基本在所有的逻辑计算方式中，都有两种思维方式，一种叫"Top Down"，一种叫"Bottom Up"。Top Down是从最高层开始，一层层分解，最终得出整个蓝图，像我们上文中的计算，都是从2万亿这个值向下演进的，就是Top Down的方式。而Bottom Up就是从下向上推演。

Top Down的问题是很多时候过于在意宏观的数字，太偏理论化，会影响我们对实际客户情况的把握，而Bottom Up则会强调先去找到符合你脑海中顾客形象的实际用户，然后计算出市场空间。

一般使用Bottom Up的方式的步骤是：

1.定位宏观市场的用户群——全国会穿衬衣的人（假设是1亿）；

2.定位到针对性的用户群——会穿中高端衬衣，并且会在网上购买的人（假设是1亿的5%，即500万）；

3.计算每次购买的客单价——每一件衬衣的价格 × 每次购买的件数（假设是300 × 2=600元）；

4.计算每年的采购频次——假设是2次，那么整个市场规模就是1亿 × 5% × 600 × 2=60亿。

你还记得上文中我们用Top Down的方式计算出的TAM是多少吗？对的，也是60亿。两相印证就说明我们的计算是相对靠谱的。如果你算出来的结果相差很大，那就要找找原因，看看是哪里出错，并进行相应的调整。

事实验证

投资人为了印证数字的准确性，还会问很多相关的问题（关于市场情况、市场空间和各种市场相关的数据，投资人真的是非常在意的，作为创始人，一定要通过这些问答显示出自己对整个市场烂熟于心的那种程度的了解）。

比如在小A这个案例中，投资人可能会问，目前市场上都有哪些主要的中高端衬衣品牌？最大的一家是否已经上市？这家每年能够做多少销售额？前十大商家大概一共占市场份额的百分之多少？等等。

如果这些问题都能够对答如流，并且符合常理，当然是最好的。如果回答说第一大每年做1 000万，那凭什么你能做到几个亿？如果说前十大占20%市场份额，而它们一共做1个亿的收入，那么整个市场不就是5个亿？哪来的之前计算出来的60个亿的TAM？

所以说，一定要提前真正做好对市场的了解，不然投资人有的时候像面试官，有的时候像审讯官，会从正、反、侧面不断地问问题，来全方位地验证各种信息，如果前后矛盾被戳破，你在现场就会很尴尬了。

"鱼饵"

是人总有感性的一面，以上的篇幅都是理性客观地用数字在给投资人证明这个市场足够大，那么最后一般要再讲讲故事，哪怕我们都知道是讲故事，但只要不是太离谱，就总会多加一丝期待，也就是给人一个鱼饵，是让别人真正上钩的那么一下子。

比如小A可以讲——虽然目前市场是这样，但未来我们：第一，会突破国界的限制，走进美国、欧洲，甚至亚非拉市场；第二，会通过中高端品牌向低端辐射；第三，会从衬衣向其他类型服装演变；第四，我们会考虑从线上售卖延伸到线下渠道的布局，所以整个市场空间其实是非常大的。

你看，数是要算的，故事也是要讲的。数算好了会让投资人觉得有60~80分，是合格的了；故事讲好了会让投资人觉得有100分，是让人兴奋和有投资冲动的。

当然，前面说的都是已经有一个既定市场的情况下，还有一种情况是真的难以预测的，就是当你做的真的是一个完全新的东西的时候，在这个时候是最容易产生超级公司的，也是最考验投资人的时候。比如电脑、手机、苹果手表（Apple Watch）或VR眼镜。电脑和手机都已经成为普及的平台，而现在人们在纠结的是，到底VR眼镜（或AR、MR）的出货量会是百万级、千万级，还是亿级？这直接决定VR会不会是下一代计算平台，也决定了所有与VR相关的内容和应用的投资价值。所以有的时候市场规模的问题，就是一切的问题。

最后再用滴滴举例来印证下我们上面的各种说法。

用Top Down的方法来分析，整个中国出行市场的规模假设是1万亿（数字同样属于虚构），那么其中有公交、出租、地铁、飞机等，一开始滴滴做的其实就是出租车市场，那么这个市场可能只有其中的5%，也就是500亿的TAM。出行又是一个非常地域化的事情，500亿的消费是分散在全国各个城市的，再加上很多出租车司机没有手机或可能永远不可能习惯这种手机接单行为。最后，这个市场是不稳定的，是有政策风险的，且滴滴平台上的500亿其实就是我们前文中提到过的GMV（在公司平台上发生的流水），是流水，而不是滴滴公司真正的收入，甚至未来滴滴自身是否能够有收入都是一个问号。

所以这就是当时非常多投资机构没有选择滴滴的原因。（当然，也可以从Bottom Up的角度，通过判断出行人群数量、其中的打车人数、平均打车次数、平均打车金额等来计算。）而根据目前的各种复盘文章，我们知道滴滴做得足够好的地方有以下几点：

1.想得足够清楚，对市场有足够的了解。优步从专车切入，而滴滴能够看出国内市场的不同，从出租车切入。而且当时从出租车切入的也不止一家，而滴滴能够脱颖而出，能够得到投资者的青睐，我相信其对所有的市场数字都是如数家珍的。

2.从市场增长的角度看，滴滴占了天时地利，有资本的风口，又是移动支付的前阵，通过快速的地推和补贴等策略，大大提升了市场发展的速度。

3.从市场份额的角度看，出行市场是有网络效应的（车越多乘客越方便，乘客越多司机又越多），所以最后会是一家独大的局面，市场份额是有可能做到100%的，这是非常难得的，目前只有搜索市场、社交市场等有这个潜力。

4.选了一个很好的切入点来撬动整个出行人群。所以虽然一开始的TAM不是非常吸引人，但后面的想象力和发展速度非常快。从出租车到专车再到拼车等，有足够大的空间折腾。甚至后面还有保险和卖车等更多的鱼饵在。

所以，市场是一切的基础，创业者最好在进入一个市场前就先想清楚，而不是在一个不那么理想的市场中挣扎，等做到一半为了融资或发展再去牵强地讲转型、扩张，甚至是做平台之类的事情，你累，我累，大家累。

14 "10天7个好友"怎样成为脸书增长到 10亿用户的独门秘诀?

作为前投资人，一般衡量一家初创公司的好坏，我最看重的三个指标是"增长率、日活（或相应的黏性用户的指标）和留存"。而这三个里最根本的一个指标就是留存，只有当留存足够高且稳定的时候，公司的增长才有意义，公司的产品和价值才算被市场和用户认可。

而一般来说，公司留存率低有三种原因。

第一，你并没有找到属于你的市场定位，即要么产品不够好，要么需求不够刚性。这种时候，只有你自己能救自己，解决方式就是不断地试错，不断地改进产品，不断地转换市场定位。

第二，你有自己的市场定位，但获取用户的渠道有问题，拉来的用户不满足产品本身的定位。这种时候，就要不断地做分组分析，区分不同渠道获取的客户，更有针对性地拉新。

第三，市场定位都合理，拉来的用户也是正确的，但是用户还没有发掘出产品的益处就走掉了。这种情况其实也是很常见的，因为用户往往是需要引导才能成为黏性用户的。而转化的这个关键节点就叫作"啊哈"时刻（Aha Moment），该如何找到这个"啊哈"时刻就是本文要着重讲解的。

"啊哈"时刻就是你的用户发现产品内在价值并成为黏性用户留存的那一瞬间。对于脸书来说，从很早期开始人们就发现要让一个用户留存下来，并持续使用脸书的诀窍就是让这个用户在10天内完成7个好友添加的动作。所以促使用户10天内添加7个好友就成了脸书内部全体员工的核心目标之一，他们一路坚持这个目标，直到达到10亿用户。

同样地，在2009年的时候，推特的用户流失率达到了75%，时任增长团队的产品负责人约什·埃尔曼（Josh Elman）做了一件有趣的逆向思维的事情，他并没有去研究那75%的用户是为什么走的，而是深入地研究了剩下的25%的用户为什么留下来。结果他发现这25%的用户关注的用户数都在30人以上，所以他们重新设计了产品，在一个用户注册后会对其进行推荐关注等，以此来提高新用户的关注数量，并最终提升了留存率。

基本上，硅谷每一家公司都能说出来自己的一个"啊哈"时刻，比如Zynga（美国一家游戏社交公司）的是次日留存（它发现次日回来的用户的留存率和付费率都明显更高），Dropbox（一款网络文件同步工具）的是当用户存放第一个文件的时候，Slack（一款企业级的沟通工具）的是当某个团队在群组内发送超过2 000条信息的时候。

所以，总的来说，一般"啊哈"时刻都是用户某个维度的动作或结果，比如：网络效应密度——用户几天内达到多少连接度；内容增加度——多少的内容被用户添加到产品内；访问频度——单个用户至少几天内访问一次产品。那么具体该如何找到你自己产品的"啊哈"时刻呢？

首先，你要把所有留存下来的黏性用户都找出来，并尝试着提取其中的共同点，比如所有留存用户中80%以上的用户都是：三天登录一次，或使用了一次相机功能，或更新了5条以上信息，或收到了1条以上私信，或下单了2次以上等。

如图14-1，可以看到右侧部分代表的是产生某种行为的群体，左侧部分代表的是留存下来的总用户群体。在这里，发送8条信息的用户大概率也是留存用户，但是要注意的是，还有更多的留存用户不在这个范围内，所以不能说发送8条信息就是该产品的"啊哈"时刻。

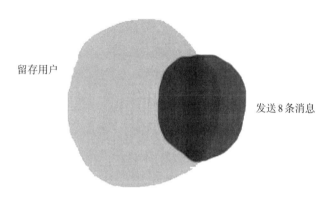

留存用户

发送8条消息

图14-1

又如图14-2，可以看到左侧留存用户大多都发送了一条信息，但从右侧部分可以看出，发送一条信息的用户其实大多是留存用户，所以也不符合要求。

留存用户

发送1条消息

图14-2

图14-3

而我们最终需要寻找的是图14-3中的状态，即留存用户和某种行为发生用户的交集是最大化的。此时，把这种行为提取出来就很可能是该产品的"啊哈"时刻。

但这里要注意的是，很多时候数据不都这么清晰和完美，或者有时候相关的数据不一定就是因果性的，所以当找到某一个或几个"啊哈"时刻以后，要做一些小范围的试验，看看是否新发生这种行为的用户确实留存率都明显升高。

所以，总结一下，其实"啊哈"时刻讲的就是研究留存下来的用户的行为，找出其中的共同点，验证其真实性，然后重新设计产品流程，让更多的用户都能够更快、更直接地产生这种行为，并产生留存。

15 投资人口中的 Unit Eco 是什么？——学会用数学公式看透商业模式

对创业者来说，有三个东西对于管理公司和融资是至关重要的，这三个东西分别是商业计划书（BP）、单位经济效益（unit economics，简称unit eco）和财务模型（financial model）。

商业计划书一般是一个20页以下的PPT（演示文稿），创始人借其把创业想法用一种近似于二维的方式讲出来，内有少量的数据和更多的故事。

单位经济效益一般是一页表格的数据，创始人利用它可以理清该商业模式下某个最小运作单元的运作方式（后文会详细解释），是用一种三维的方式体现整个商业的逻辑。

财务模型则是根据商业计划书中的故事情节发展，在单位经济效益的基础上加上了连续时间变化这个维度（当然其中还有很多其他复杂的因素），变成了一个四维的由多张表格组成的数据文件。有了这个模型，大家就都能看到公司在某个市场中的整体发展预期。

单位经济效益是其中一个关键的连接点，也是目前最被人忽视的一点，在这篇文章里，我们就主要来说说它。

首先看定义。单位经济效益就是：在商业模型中，能够体现收入与成本关系的某个最小运作单元。（公司的整体交易数据都是由所有的单笔交易叠加在一起得来的，所以只研究透单笔交易的逻辑可以排除很多不必要的干扰，更容易看出商业模式的本质，并且找出其中最需要关注的问题点。）

想要分析单位经济效益，第一个任务就是判断和选定某个商业模式中的"最小运作单元"。这个单元一般就是产品或服务收费的最小单元，比如"一件快件""一盒化妆品""一公里车费""一小时美甲"等。这个最小单元的选择并不一定是唯一的，但核心宗旨就是选出那个最能体现收入和成本变化联系的最小的单元。

当单元选定之后，就是判断围绕这个单元的收入和成本构成了。也许有些人对于固定成本、可变成本等的理解不多，这里先要强势插入一个最基本的财务知识。

如图15-1，我们平时所说的总成本（total cost），都可以分为变动成本（variable cost）和固定成本（fixed cost）两部分。简单来理解，变动成本就是随着商品售卖数量（units）增多而成比例上升的这部分成本，比如对于上门美甲服务来说，美甲师每服务一小时要付出的时间成本（每单提成的形式）就是变动成本，而指甲油等与服务直接挂钩的消耗成本也是变动成本。固定成本就是不论售卖情况如何变化，一直保持不变的这部分成本，比如办公室租金、美甲人员的固定底薪等。

那么我们在计算单位经济效益的时候，因为目的是要算清和每一笔生意直接挂钩的收入与成本的独立情况，所以计算成本的时候只计算变动成本，先暂时不考虑固定成本。

$$\frac{总收入}{总单数} \times \frac{每日完成的总单数}{每日总工时} > \frac{每日总工资}{每日总工时}$$

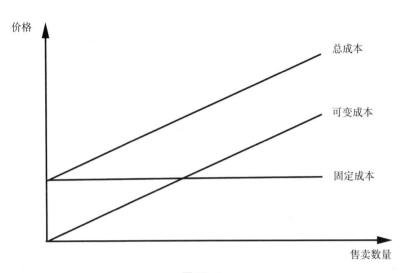

图15-1

如上述公式，对于一家O2O类型的美甲店来说，我可以用某段时间以来的总收入除以总单数得出平均每单美甲的收入。然后用每日完成的总单数除以每日的总工时，得出每个美甲师每个工时能够完成的单数。上面这两个结果相乘得出的结果就是每小时每个美甲师能够为公司赚得的收入总和。

而右侧的每日总工资（如果有底薪则需要把底薪去掉，只计算提成）除以每日总工时，得出的是每工作一小时公司需要付给每个美甲师的工资。

所以，等式左侧是每个美甲师工作一小时创造的收入，右侧则是需要的成本（指甲油等变动成本占比很低，所以暂时忽略，如果某种商业模式中有其他变动成本可以继续在等式的右侧添加）。

基本上，一切上门服务型O2O创业公司都可以用这个公式来验证其商业模式是否合理，听起来再复杂的O2O生意，最后落到商业模式的公式上也就是这么简单的三个东西，基本就没别的了。但很遗憾，基本上所有的O2O公司的这个等式的结果都是小于号，也就是每个人每小时服务创造的收入是不及成本的。

那么为什么还有这么多O2O公司曾经存在并且拿到投资呢？因为对于这个等式的三个组成部分他们都有故事可讲。

比如"总收入/总单数"，很多人讲的故事是虽然我现在的每单收入低，但是未来我会扩展业务，或向高端业务发展，总之就是想方设法拉高客单价，于是总收入高了，平均每单收入也就高了（虽然实际结果往往是没了补贴连用户都没了，更别说拉高客单价了）。

比如"每日完成总单数/总工时"，这个其实是大多业务中最大的一块变量，而大家一般在讲的故事都是，当我客户足够多、密度足够高的时候，我就能节省非常多的路途时间，也就是平均每小时能完成的单数就高了（这也是为什么非常多投资人喜欢强调效率的原因，服务效率有多高是对商业模式是否成立贡献最大的一个点），虽然实际上大家算了半天可能最后发现服务效率最高的还是在店里不动等客人上门，而不是放一个人出去满城市乱跑。

最后，"每日总工资/每日总工时"基本是不会降低的一个数值，只是一些巨头在畅想未来的时候喜欢把所有东西都说成无人化、机械化，比如送货如果用人力当然贵，如果有一天能够用无人机，那么这块成本也许就能显著下降了。

根据以上三点想想看，e袋洗为什么会成为上门O2O类型创业公司中仅存的硕果之一？就是因为洗衣类O2O公司的后端是通过洗衣工厂机械化统一作业，而不是人力。所以从理论上来讲，每小时可以完成的单量极限非常大，而成本又非常低，所以这个等式是能够算得开。

再比如，对于一些B2B电商而言，这个公式就可以修改为：

客单价 × 毛利率（这里要考虑到货物本身的成本比较高，所以要乘以毛利率，而O2O上门服务一般就只有服务成本）– 每单配送成本 – 每单仓储成本 – 每单销售提成 =（或者大于 / 小于）0

所以简单来说，单位经济效益的分析就是拿选定的最小单元的收入和成本去比较，然后分别分析等式的每个组成部分，看最后到底在什么情况下收入会大于成本，而这个极限情况发生的可能性有多大。

但是，上面所说的是最基础的一个版本，在这个版本中我故意漏算了一个很重要的数字，那就是"用户获取成本"。

哪怕上面O2O的等式是个大于号，如果用户获取成本很高，最后也很难算过账来。比如我花了200元获取一个用户，每笔生意净利10元，但是平均每个客户用了15次服务就流失了，那么最后也还是亏损了50元。这就是LTV（用户终身价值）和CAC（用户获取成本）的比较，这里涉及很多关于补贴或留存等情况的数据，这在前面已经解释得非常详细了。

最后，我们再来处理刚才一直没有计算在内的固定成本的问题。（到这里已经不算是单位经济效益的范畴了，更多是一种自然的延伸。因为单位经济效益就是看某个独立单元的数据，而涉及固定成本的时候，一般都是把其分派到所有的单元之上来看。）

如果某个商业模式算下来，每笔生意都是赚钱的，而且LTV也是大于CAC的，那么这个时候我们就可以引入一个概念，叫作边际贡献率（contribution margin ratio）。

$$边际贡献率 = （总收入 - 总变动成本）/ 总收入$$

比如一家网店每卖1件衣服可以收入100元，但需要付出75元的采购成本和5元的包装成本，而这家网店每个月的平台入驻费是30 000元，人员固定工资是每月10 000元。则该家网店：

$$边际贡献率 = （100元 - 75元 - 5元）/ 100元 = 20\%$$

这样我们就可以计算得出，当这个商业模式达到盈亏平衡临界点时需要的总收入是：

$$总固定成本 / 边际贡献率 = 4万元 / 20\% = 20万元$$

根据已知的每件100元的售价，得出需要每个月卖出2 000件衣服（20万除以100），这个生意才能达到盈亏平衡。那么，竭尽所能每个月卖到2 000件也就应该是这家店老板一个最基本的目标（或者伴随客单价的提高，或每件变动成本的降低等）。

如果我们再假设这家店每个客户的客单价是200元（也就是每个客户平均每月购买2件），那么这家店老板的目标就转变为每个月吸引1 000个购买客户。

如果我们再假设每10个浏览网店的客户中会有1个转化为购买客户，那么老板的最终的目标就转变为每个月为平台带来10 000个浏览客户。

这其实就是反过来推演而出的2C类电商从浏览到购买转化的简化版漏斗模型。

所以，前面讲了这么多，总结一下整个的逻辑就是：

我们先看的是每单笔交易是否能赚钱，再看赚的这些钱加到一起是否能弥补获客成本（LTV>CAC），最后再计算出考虑固定成本情况下的盈亏平衡点的条件，并且分析这些条件是否能达成，以及在什么情况下该如何达成。

这样，就完成了用数学逻辑验证商业模式的目的。

当然，单位经济效益一般反映的只是某一个时间点下的静态结果，实际情况下单位经济效益中的数据会随着时间推移和公司发展而变化。一般我们会做出三个单位经济效益来参考，一个是当下时间点的，一个是盈亏平衡状态的，还有一个是最终理想情况下的。

然后，我们可以看到各个收入和成本的组成部分该如何变化才能达到盈亏平衡，或最终每一笔订单能够带来多少利润，也能看出某个商业模式是否真的成立。（比如要让一个美甲O2O生意盈亏平衡，也许最后推论出的结果是每个用户需要付费300元每小时，或每个美甲师每天需要服务20单，或每个用户需要留存至少三年时间，且每周下单一次，那我们要做的就是看是否真的有办法合理地达到这个结果，如若不然，这个商业模式就是不成立。）

最后，我想说的是，不管是商业计划、单位经济效益，还是财务模型，结果的绝对正确性都不是最重要的，重要的永远是思路和逻辑推理过程。

对于每个人来讲，最重要的都是掌握这种：

1.对商业模式抽丝剥茧、看透本质和症结的能力；

2.根据不同投入，合理推演，得出产出的能力；

3.根据预期去调整行为，从而最终改变产出的能力。

不仅商业世界中如此，一切生活中也都是如此。

| 精选留言 |

狼少年：

这次讲得有点复杂了，一般我们叫作"单位产品或单次交易价值链"。确实经常被很多BP忽视。

16 跟高盛TMT业务
负责人学分析

在近几年我看过的分析互联网的文章里，有一篇是我特别喜欢的。这篇就是 2014 年，时任高盛全球 TMT 事业部负责人安东尼·诺托（现任推特首席财务官），写给Snapchat创始人埃文·斯皮格尔（Evan Spiegel）的一封邮件。

这是一封完全私人对话场景的邮件，里面从二级市场的角度分析了脸书公司的情况，只是后来这封邮件被维基解密公开了，所以能看到更是难得。

以下是邮件主要内容的摘抄翻译：

> 脸书的广告收入同比增长了 82%，但它的 Ad Impression（广告浏览量）同比下降了 17%。如果以 CPM（Cost Per Thousand Impression，每千人成本）计算，浏览量下降会导致收入下降。那为什么脸书的收入还能那么高呢？原因是CPM上涨了 118%。
>
> 这里有两个问题。
>
> 首先，为什么浏览量会下降？是因为桌面端往移动端转移。以前门户网站横幅广告就几十个，而且每打开一个新的页面，横幅广告就重新加载一次，又算作多一次浏览量。移动端肯定不可能这样。

其次，为什么移动广告变现能力更强？两个假设：1.移动广告位稀缺，所以它的价格更高；2.移动广告体验好，定位精准，所以点击率更高。

如果是第一个原因，建议去调查那些上季度投放移动端的广告主，看它们今年准备在移动端上放多少钱。如果这个投入的增长率只有个位数，那么当所有人都尝试过一次移动广告后，脸书移动广告的增长率就会暴跌——因为它的增长驱动力是移动广告的潮流，而不是脸书广告本身的效果。

如果是第二个原因，说明移动广告本身的生态系统还是健康的。

再者，不要看脸书整体浏览量的变化（同比下跌17%），而是把它拆成桌面和移动两个部分。情况很可能是桌面的浏览量一直在涨，因为桌面页面的广告承载量增加空间大。

如果上面这个猜测是准确的，那么移动端浏览量下跌的情况比所有人想的都要严重。一旦桌面端触及广告承载量上限，涨不动了，全平台的浏览量就会出现下跌。

所以对于脸书来说，浏览量不靠桌面端还能增长，广告主在移动平台上的投入逐年增加（更好的互动带来更高的点击率），这是最好的结果。这也会带动所有中小型的广告平台估值上涨。这对于Snapchat是个好消息。

上面这些结论，谷歌不知道，雅虎不知道，微软不知道，因为它们都不做这样的注入流广告（谷歌关键词竞价广告在桌面、移动环境下产品近乎相似）。因此，脸书会愿意以比谷歌更高的价格收购移动公司。

10 亿月活 34% 的增速，这样大的规模还能保持这样的增速，说明脸书在移动端的渗透还处于早期。这对于 Snapchat 是个好消息。因为 Snapchat 是 "Mobile First，Mobile Only"（手机优先，手机唯一），而且移动端用户群比桌面大得多。长期来看，Snapchat 的估值肯定会比桌面公司更高。

2014 年第 1 季度，脸书 10 亿月活中只有 3.41 亿来自移动端。Snapchat 在成立两年后，2014 第 3 季度达到 1 亿月活，而且还没有桌面端的导流。前途无量。脸书的移动日活 / 月活比是 60%，桌面日活 / 月活比是 50%。Snapchat 也可以把 60% 作为目标。

以上这些内容，让我更深刻地理解了后期市场是如何分析一家公司的财务状况的，并且是如何由此深入理解其业务状况的，可以看到各个分析之间逻辑都非常严谨。

在这封邮件过去几年后，我们再来看看现在脸书和谷歌的业务情况。

在过去几年中，谷歌意识到了桌面向移动端转型的必要。为了统一桌面、移动端生态，谷歌大刀阔斧地拿掉了原本显示在桌面端的右边栏广告，并将原有的首页广告位从两个变成了三个，然后是四个，此外还加入了购物推荐。

后来，谷歌的首页也像百度一样，加入了 News Feed（信息流），变成了像今日头条一样的公司。

但是，广告位供给的增多，点击数的增多，直接导致了谷歌 CPC（Cost Per Click，每次点击付费广告）连续四个季度出现双位数下降。而发力移动端的决定，也让谷歌的 TAC（流量获取费用）同比上涨 22%。（所谓 TAC，就是谷歌交给手机厂商、浏览器的"买路钱"。比如为了让谷歌成为苹果手机的默认搜索，谷歌曾累计付给苹果公司10亿美元。）

谷歌的 CPC 一路下跌，最终的结果是，在谷歌上广告主付出了更少的价格，而用户看到了更多的广告。（谷歌靠这样的方式强撑收入，华尔街并不是那么买账。）

在这个时候，脸书的社交属性和 News Feed 的优势就显现出来了。首先，脸书上的用户会更长时间地刷内容，这样就给脸书更多做广告的机会。其次更重要的是，脸书有更多的用户数据，能够更精准地推送广告。

所以，脸书和谷歌所追求的，和最终的结果是不同的。

谷歌始终在增加广告位，但脸书却一直在倡导要降低广告承载量。可以看到的结论是，脸书对 News Feed 做了5次大调整，几乎每一次的结果都是广告浏览量下降，而价格上涨。换句话说，脸书想让你看更少但是更贵的广告。对于广告市场，脸书牢牢把握了定价权。

所以，从这个角度来说，脸书是比谷歌更有营收潜力的一家公司。这也是为什么谷歌上个季度财报出来以后，股价一直呈下跌趋势。

怎样平衡广告数量与广告价格，怎样在不损害用户体验的基础上，尽可能多地赚钱？我相信通过研究脸书和谷歌，国内的很多公司（尤其是今日头条、百度等）也可以有很大收获。

| 精选留言 |

侯刚：

出于硬件的原因移动端流量被分散，分析流量渠道的时候产品没有想象中那么重要，因为白渠道买量、灰渠道买量、黑渠道买量关键都是看效果的转化。例如苹果刷榜改变了苹果的分发渠道的生态，根据流量的饥渴程度决定了投放的策略，因为不是个人电脑时代入口集中，所以谷歌在移动时代也宛如大怪兽。故在一个依靠流量换转化的时代，深度理解渠道往往是新互联网公司的成功所在。对于老年社交的新增、日活、滞留时常可以找个圈内公司测个真量，我相信绝对可以吓作者一跳，哈哈。流量是个水很深的东西，一起学习吧。

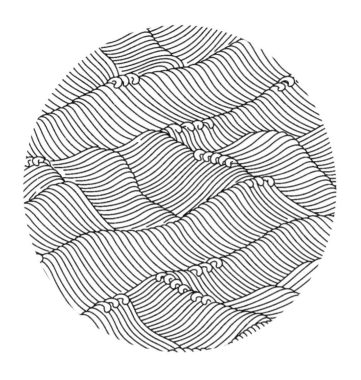

一

招

式

—

17 社交三部曲（一）：
社交媒体的本质

　　知乎曾经在其一年一度的"盐Club"活动上，公布了一个内测中的新的产品功能，叫作"知乎Live"。这个产品可以让各种人在一个类聊天室的场景中进行实时对话和问答。我认为未来回头看，这会是知乎具有里程碑意义的一步，因为知乎Live的特性是把"回帖"这种异步的沟通方式，变成了同步即时的聊天方式。这对于一款社交产品来说，是一个时间维度上的突破，而不只是一个功能或变现上的尝试。（同理，很多App都开始加入直播功能也有类似的道理）。

　　这个事情让我想起我曾经发在36氪上的关于社交理论的一篇文章，其中就提到了关于知乎这类社交产品异步沟通的问题。在和创业者或投资人沟通的过程中，我经常发现其实很多人都在纠结一个问题，那就是某个行业到底是什么样的，未来到底会如何发展。其实，最终大家都在找一个可以遵循的理论基础，谁看得越透越深，谁就越能做出正确的选择，笑到最后。那么后面的这篇文章，就是我自己总结和提出的关于社交这个"虚无缥缈"的行业的理论基础。

　　（到2018年为止，微信已经存在了超过7年的时间，7年对于一款社交产品来说已经是一个有些危险的时长了。我相信在未来的几年里，新的社交类产品会慢慢酝酿和破土。我也期待更多有趣的、"玩弄"人性的产品出现。）

下面就请大家来看下这篇首发于2015年5月的文章。

我做投资以来看过O2O相关的东西最多，我觉得自己并没有赶上移动互联网刚兴起的时代。最早的时候做一个日历、闹钟或天气预报都能够拿到上亿用户。那是100%线上互联网的时代，是边际成本几乎为零的时代，是移动互联网红利最高的时代。

现在我开始看很多产业链B2B（几乎20%线上，80%线下）的东西，因为连O2O（几乎40%线上，60%线下）剩下的机会都不多了，人们已经开始更多地深挖传统行业，大家都觉得移动互联网的红利已经快被消耗光了。

但是，不管时代怎么变，科技怎么变，唯独一个领域是经久不衰，并且一直有新机会出现的，那就是社交类产品。哪怕很多时候这个新机会是大浪淘沙，而且前浪总是要被后浪拍死在沙滩上。

社交产品是对每个个体自身人性的迎合、利诱和放大，是对整个社会中人和人关系的还原、迁移与重构。如果说世界上最复杂的是人性，那么创业项目里最复杂的自然就是社交产品。所以我一直觉得所有互联网创业方向里最有意思又最深奥的就是社交类产品。

领英的创始人，同时也是硅谷异常成功的风投家雷德·霍夫曼（Reid Hoffman）曾经说过，一款好的社交产品一定是能够迎合人类"七宗罪"（好色、暴食、贪婪、懒惰、愤怒、嫉妒、傲慢）中的其中之一的，比如他觉得脸书迎合的是傲慢和自负，人们把一些精挑细选的东西用粉饰后的方式表现给他们的关注者，以此来获得一种虚荣。

但正如刚刚宣布关闭的Secret，和之前刚刚大动干戈改版的陌陌一样，这类产品最早都是非常典型的从"七宗罪"类型的人类原始需求出发的产品。这种出发点的好处是能够迅速吸引用户，形成病毒传播，但坏处是可持续性差，社区氛围维持难度高，以及留存率低。

我一直觉得人性在某种程度上是"本恶"的，人们受了教育后，在社会准则和法律的约束下，才不会直接显露坏的一面，而Secret和最早的陌陌都像是直接捅破了那层窗户纸，人们一下子哗然而来，但也因为过于直接，缺失了暧昧的美感，让人们被自己的恶吓到而很快作鸟兽散。陌陌一直在努力，算是洗白的成功者，而Secret则一直原地不动，让人性本恶的一面发酵，总归是没有好结果的。

所以说虽然"七宗罪"（人类的各种原始需求）是很好的基石，是社交类产品需要迎合用户的最核心、最本质的出发点，但更重要的是要像放风筝一样，利用"七宗罪"反过来把社区向正面塑造（比如利用一些游戏化的元素等搭建一个不断给予用户正向反馈的机制）。这就好像一切社交产品到最后都会被某些用户用来"约炮"，但任何团队或产品如果把约炮当作社交产品中用户的主要需求和直接引导的产品目的，那就必死无疑了。

这其实和人们日常生活中的交往是一样的，哪怕你再喜欢一个人，也是要循序渐进。懂得生活的人，会从身边的旁枝末节中体会生活，而不是每天只高谈阔论。懂得追女孩子的人，与其每天都在献殷勤、表白和宣誓，不如找点事情一起做，找个共同话题一起聊天。容易交朋友的人，也是一样，都是有自己的兴趣和专长，这样大家才有话聊，才能在交谈中更加深入地了解彼此。

　　所以，说到底，所有社交产品要解决的核心问题只有一个，那就是牵线搭桥、制造媒介，最终让用户基于这个平台上的媒介形成更好的互动和关系的留存。最近几款比较火的社交App，无一例外做得最好的地方就是媒介内容的发掘和分发。

　　什么是媒介？随便挑几个产品来说。

　　知乎给人们制造的媒介是问答，我可以通过提问和回答来显示出我在关注什么，我在哪个领域有专长，我都经历过什么等，而我的关注者会因为我的问答来关注我在这个平台上自我塑造的形象，并且和我产生互动。

　　"YY"或"9158"给人们制造的媒介是视频娱乐内容，美女主播们通过唱歌、游戏等主流的可消费内容拉近和观众的距离，观众们的终极目的虽然是看美女和调侃美女，但大家讨论的内容和媒介其实是歌曲和游戏，这就是一个典型的媒介包装的价值。

　　以此类比。

　　豆瓣给人们制造的媒介是影、音、书或话题小组等文艺内容的生产或消费。"Nice"是潮流文化和标签式媒介的生产或消费。陌陌最早兴起的媒介其实就是地理位置因素，后来是共同兴趣。"11点11分"提供的媒介是同一时刻下的校园背景的人和事。会会的媒介是用户的行业和背景与相约聊天的主题。微博的媒介是实事和新闻等。（微信是不是社交产品？当然也是。那么微信的媒介是什么呢？其实这也是纯社交通信工具和广义的社交或社区产品的区别。微信的媒介来自线下，来自用户自身的生活。当然，这里我们不提"附近的人""摇一摇"等功能。）

　　从文字到图片，到声音，到影像，再到地理位置或时间信息或职业背景或二度人脉的共同关系等都能够被拿来当作媒介，随着科技的发展，新的维度不断出现，不断赋予社交产品新的媒介属性、玩法和想象空间。（VR会不会是新的维度？我觉得想象空间非常大。）

　　回头再来看下，社交是什么？是在交往的过程中不断加深对彼此的了解，最后形成一种超越陌生人的关系留存。交往的过程需要什么？就是上面所说的这些媒介。换句话说，社交产品要解决的问题就是让用户之间有话聊，并且持续地有话聊，这样就有源源不断的内容产生，内容引发消费，并且形成关系链条。就是这么简单。

　　但是，这个简单问题之所以经常变复杂，是因为这个世界上会聊天的人太少了。一个女生在陌陌上收到最多的消息是什么？无疑应该是"hi"或"你好"，这两个词带有任何媒介属性吗？可以延伸出对话吗？当然不行。当一个女生收到很多这样的信息后，她会回复吗？当然不会。

　　如果男用户发了几十条甚至上百条都没有人理，他还会继续用吗？估计至少不会有最初的热情了。那如果陌陌能够引导用户，尤其是男用户更好地聊天呢？如果能创造出更好的媒介呢？（比如"真心话大冒险"这种小游戏就已经是很多社交产品的必备了。）

　　更有甚者，有一些社交产品跳过了媒介，直接把人和人的关系引向了结果。比如直接可供任何人线下约饭或是单纯根据照片挑选配对类的产品，我个人都觉得这些是非常粗暴、违反人类正常交往习惯和不可持续的。

　　另外，做社交类产品还有一个需要注意的事情是"媒介的即时性"。人们使用社交产品的需求分为两种，一种是贴吧、豆瓣小组、"摇一摇"类的需求，是我要解决我当下这个时刻，即时性的无聊，我不在意是谁在回复我的帖子，但希望发出去的东西能够马上得到反馈。还有一种是长期的社交关系的转化和培养，比如脉脉、会会、知乎、领英这类产品，我发出的信息可以接受几天甚至更久时间以后的回复。

陌陌里很多用户的需求往往是即时性的，而陌陌目前的媒介又很难让用户间产生即时性的有效互动，所以像"Same""陪我""抱抱"这类产品就还有机会从陌陌那里抓来一大批用户。

其实，每种媒介的作用和效果都不同。比如，对于知乎来讲，问答这个媒介的好处是内容消费门槛低，有时效性，有沉淀价值，并且满足了用户在花费时间的同时"想让自己变好，并且觉得自己在变好"的心理，但坏处就是优质内容的制造门槛高，最终结果就是媒体属性变强，会变成"大V"和小白用户的明显两极发展的态势，不利于社区氛围的形成。

所以，媒介的选择非常重要，直接影响了最终产品和社区的形态。一种双向多边的，每个人都能低成本生产和消费内容的媒介才是最理想的。（当然知乎这个媒介已经是十分理想了，选定媒介之后更多是看媒介的精准匹配和分发能力，这里就不细聊了。）

所有用户的精力都是有限的，且大多数人的人格多样性也没有那么强，所以垂直社交产品的意义并没有那么大。结果就是社交产品往往几年出一个大的，也是个赢家通吃的市场。所以在最开始的时候就要想好抓的是用户的什么痛点和原始需求，又该用怎样的媒介来引导。

总结来说，社交产品的核心在于选择、制造和分发好的媒介（场景化），把用户核心的原始需求和产品的本意包装起来慢慢引导（产品化），并根据用户的或即时性或长期性的需求，完成用户在产品中从内容到关系的留存。

18 社交三部曲（二）：
解密Snapchat

Snapchat终于要上市了，这家公司有超过 1.5 亿日活，估值近 250 亿美元，被认为有成为下一个脸书的潜力。

对于这家公司，我一直有三个疑问：

1.Snapchat到底厉害在哪儿？

2.如果Snapchat这么厉害，为什么国内这么多年都没有起来一家直接的对标公司？

3.Snapchat为什么做得好好的跑去做了一款眼镜，还说自己是照相机公司？

最近，我终于想通了这三个问题。随之而来的是我对微信、陌陌等诸多社交、社区型产品的本质思考的升级。

我曾写过一篇叫作《社交媒体的本质》的文章，在这篇文章里，我给社交产品下了一个定义：社交产品是对每个个体自身人性的迎合、利诱和放大，是对整个社会中人和人关系的还原、迁移与重构。基于此我认为，一款好的社交产品要做的事情就是牵线搭桥、制造媒介。

今天，我要再给我的社交产品理论进行一次升级，那就是我后来总结出的，"维度＋媒介＋效率"的三段论：

效率：

任何社交产品的最终目的都是最高效率地促成人与人之间的连接。

媒介：

要促成连接，社交产品唯一要做的事情就是搭好媒介。

维度：

每一个媒介都是基于某一个或几个维度之上的，而某一个维度里最多只会存在一个媒介。

举例来说，陌陌的维度是基于地理位置因素的陌生人社交，陌陌所搭建的媒介就是一个让人能按照地理位置排列、搜索、寻找并沟通的产品，陌陌的结果就是最高效率地让附近的陌生人连接起来。

效率是结果，媒介是方法，而维度才是一切的基础。试想，如果不是因为移动手机产生了地理位置因素这个新的维度，市场上会有陌陌的一席之地吗？答案一定是否定的。而又因为陌陌是当时众多产品中在媒介搭建上做得最好的，所以最终产生最高效的网络效应搭建结果，也就成了最终的赢家。

我在这里总结了一些知名的社交/社区型产品（见表18-1），你会发现每个能长久存在的产品都有自己的专属维度，远的不说，近的映客是直播维度，Keep是垂直健身维度等。

社交产品最大的魅力就是其网络效应，所以社交产品注定是垄断型产品，也就是说，在一个维度里永远只会剩下一个玩家。所以维度是一切的基础，如果你还想做或投一个社交产品，不妨想想看，你是否找准了一个新维度？

表 18-1 中美知名的社交/社区型产品对比

年份	中国	美国
2000 年之前	QQ	/
2000—2004 年	百度贴吧	脸书，领英
2005—2006 年	人人网，开心网，豆瓣，QQ空间，YY	推特
2007—2008 年	/	Tumblr
2009—2010 年	微博	Instagram，Pinterest，WhatsApp
2011—2012 年	微信，陌陌，快手，Same，秒拍	Snapchat，Medium，Messenger，Tinder
2013—2014 年	全民K歌，美拍，Nice，In，脉脉，无秘，探探	Musically，Secret，Telegram，Yik Yak，
2015 年之后	映客，FaceU，Keep	/

写到这里，其实我们开头提到的前两个问题的答案就都呼之欲出了。

Snapchat到底厉害在哪儿？厉害在其占领了图片这个社交维度，并建立了强关系连接。我们来一点点解释。

2011 年Snapchat刚出现的时候，美国人用得最多的社交软件是脸书，在脸书上面大家可以查看彼此的生活近况和状态，而在私信中大家可以进行简单的文字沟通。而 2011 年底，WhatsApp刚刚拿到红杉资本的 800 万美元投资，开始抢占文字通信工具的市场。

这个时候，如果我希望能够通过图片来与朋友进行沟通，Snapchat是唯一的选择。Snapchat通过"阅后即焚"这个功能点（注意，我觉得这是一个功能点，而不是本质上最重要的事情），快速地让人们认知和接受了这个应用，做好了搭建媒介这件事情，占领了图片维度，最终因为这个点吸引了大量的用户，并且让用户最高效率地在其中建立起了熟人关系。

这就是Snapchat厉害的地方。那么为什么国内没有Snapchat的直接对标公司呢？我们之前说过，因为网络效应的存在每一个维度最终都只会被一个产品占领，但是反过来产品不一定是与维度一一对应的。

当时国内市场与国外的最大区别就是：微信做得太好、太快了。微信推出以后，基于QQ留存下来的关系链基础，迅速建立强关系，并且让人们能够方便地通过文字、语音和图片来进行沟通。Snapchat是在脸书或WhatsApp有机会跟进之前，迅速形成了自己的一套社交关系，立稳了脚跟，而国内却并没有这个机会。

美图一直用Snapchat来对标，但其和Snapchat的最大差异点就是熟人的强社交关系链，那么为什么美图（或者是支付宝）一直打破不了这层障碍呢？这又回到了我们刚才讲的，一个维度永远只会有一个社交产品，熟人的强社交关系已经被微信占领，所以你会发现，不管通过其他什么产品认识的人，最终只要产生了熟人关系，你们都会说一句话，那就是："你微信号多少？"

所以，微信并没有给第二个基于图片维度的社交产品什么机会。这就是国内无法做起来一个Snapchat的原因，或者换句话说，微信本身就承载了Snapchat的部分功能，部分微信加部分美图就是Snapchat的对标品。

其实再进一步讲，如果说微信是取代和进化版的手机"通信录"，那么Snapchat其实是取代和进化版的手机上的"照相机",这也就带来了第三个问题的解答。正如Snapchat在招股书中所说的:

> Snapchat是一家照相机公司。
>
> 我们认为改善照相机,是我们改进人们生活与交流方式的最大机遇。我们的产品让人们能够表达自己,活在当下,了解世界,一起玩乐。
>
> 以闪烁的光标成为桌面电脑上大多数产品的起点,我们相信,在大多数智能手机上,屏幕将成为大多数产品的起点。这是因为智能手机摄像头所产生的图像比键盘上输入的其他形式的文本信息,带来更多的内容和丰富的信息。这意味着我们愿意承担风险,试图创造和创新不同的照相机产品,能够更好地反映和改善我们的生活体验。

为什么Snapchat要做 Spectacles 这个智能眼镜呢?这个看似神奇的战略行为,也就非常讲得通了。

既然Snapchat是基于图片的,那么让用户更好地记录、分享和通过图片来表达就是重点。眼镜比手机更能实时记录,所拍摄出来的照片也更接近我们肉眼所看到的事物本身。

所以Snapchat做 Spectacles 是完全合理的,也是符合Snapchat的初心和目标的。

回头看,移动手机给人们带来了几大变化。其中,地址位置因素缔造了陌陌,时刻在线因素缔造了微信,而随身携带的低成本、高品质相机因素就缔造了Snapchat。

对比来说,微信先有的文字沟通,随后建立了强关系,再开放了朋友圈让人们消费朋友间的动态内容，最后做了公众号让人们消费专业内容。

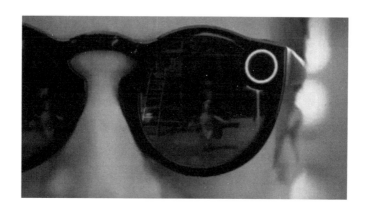

图18-1　Spectacles智能眼镜

Snapchat则是先有的图片沟通，随后建立了强关系，再推出了类似朋友圈的Story（故事）功能，又引进了专业内容制作方（如Vice、CNN、国家地理等），有了"Publisher Story"（出版者故事）功能。

二者的发展路线如出一辙，只是一个重点在文字，一个重点在图片。

美图的重点也是图片，却和Snapchat有一个本质区别，因为美图做的是修图，是拍照以后的后期处理，所以用户的场景是先用照相机拍照，再打开美图修图，美图就此沦为了一个流量工具，而Snapchat就是相机本身。

既然可以在拍照的时候直接把自己变美，那为什么还要后期再修图呢？FaceU也是对标Snapchat，它就是基于此起来的，也就是说比美图做得更"所见即所得"。但是FaceU也和Snapchat有一个本质区别：打开 Snapchat，摄像头自动开启的是后置镜头，打开 FaceU 等类似产品，摄像头自动开启的却是前置镜头。

如 Snapchat 创始人埃文·斯皮格尔所说：

"对于新一代的人来说，相片已经不再代表一种回忆，而是一种叙事的方式。"

拍自己是为了留存和记忆，而拍外部世界是为了表达和沟通。既然对标的产品是微信或脸书，那产品更重要的自然是表达和沟通的价值。

所以，看似开机镜头的一点点简单的不同，背后是 Snapchat 和同类产品在远景和境界上的质的不同。

写到这里我随机问了一个女生，问她你现在拍照会下意识地打开哪个应用？她说现在拍照的第一反应是打开 FaceU（这说明 FaceU 确实已经做得非常好），我又问为什么不是微信？她回答说因为太慢。我理解，她说的"慢"有两层意思，第一是加载速度慢，第二是操作层级多。

微信要打开相机要：1.打开微信；2.打开某个聊天框；3.打开底边功能栏；4.点击拍照按键。

而 Snapchat 要拍照，就是一步：打开 Snapchat。这也是质的区别。很多人不明白为什么 Snapchat 打开就是镜头，为什么是先拍照，再选择好友发送，这下就很清楚了。

之前有段时间，微信推小视频就设计了一个功能，只要打开微信，向下拖动窗口就会自动开启小视频的拍摄页面，相信这个功能就是为了缩短路径，但最后还是删除了。

因为"慢"而不使用某个软件，这个原因也是能带给我们很多启发的。

如果有一天打开微信就意味着缓慢的加载、复杂的功能等，这个时候我很可能会开始把最常联系的人慢慢转移到新的平台，渐渐地就形成了关系链的迁移。这在我看来是新的社交产品挑战微信的唯二可能之一，另一种可能则是新的硬件平台的出现，彻底颠覆手机这个通信工具。

所以，简单来说就是，社交产品死于复杂冗余，死于缓慢沉重。张小龙的克制，确实给了微信长久的生命力。

（感谢季文仪和薯片视频的 Albert，一起讨论和激发我的灵感。）

| 精选留言 |

Joanna.Z：

"所以，微信并没有给第二个基于图片维度的社交产品什么机会。这就是国内无法做起来一个 Snapchat 的原因……"这个我看了还是有点疑问：Snapchat 最初做起来依靠的是"阅后即焚"的功能，方便喝大了的少男少女互相传个不雅照片什么的。这个功能微信是满足不了的。那国内是没产生这样的需求还是什么？当然现在 Snapchat 早就不只是传不雅照片神器了，但它仍然满足了很多人"我就是爱随便拍照片和视频但是我不想留下记录"的心理，这个微信也很难满足吧？

作者回复：

第一，我觉得阅后即焚是个很有趣的功能点，但是只有这一点不够；

第二，我就经常发朋友圈，过一会儿自己就删掉……

Dexu Qu：

从产品角度理解，微信承载的最主要功能是高效通信，所以一切阻碍这个目标的功能都会被取消掉。图片和视频只是锦上添花而不会带来通信效率的提升。美图和FaceU则是社交化的图片处理，所以主要产品定位决定功能取舍吧。

作者回复：

Snapchat认为图片是更高效的通信方式，因为图片包含的信息量更大，我也觉得这个看法值得观察。

19 社交三部曲（三）： 陌陌的本质

陌陌的本质是即时性社交

我提出来过一个说法，叫"社交媒体的本质是搭建媒介"，此外我还提到过：做社交类产品有一个需要注意的事情是"媒介的即时性"。

人们使用社交产品的需求分为两种，一种是陌陌、"摇一摇"类的需求，是我要解决当下这个时刻，即时性的无聊，我不在意是谁在回复我的帖子，但我希望我发出去的东西能够马上得到反馈。还有一种是长期的社交关系的转化和培养，比如豆瓣、知乎、领英这类产品，我发出的信息可以接受几天甚至更久时间以后的回复。

那我们回头看，陌陌的起家是利用了 LBS（位置服务），也就是"附近的人"这个属性。用户会下意识地把"一个人在我附近"和"我能更容易地马上接触到 TA"画上等号。所以，我想陌陌真正解决的也许从来都不是陌生人社交的问题，而是即时性社交的问题。

那这样问题就来了，陌陌原始的模式，是否真的能很好地解决这个问题呢？毫无疑问是不行的，大多数男性的信息是得不到回复的，大多数女性是被过度骚扰的。

这样时间长了，大家就不会对 LBS 的产品抱有过高的期待，也

不会在需要即时性社交需求的时候打开陌陌。于是，就有了图19-1中
2015年的月活下降的情况。

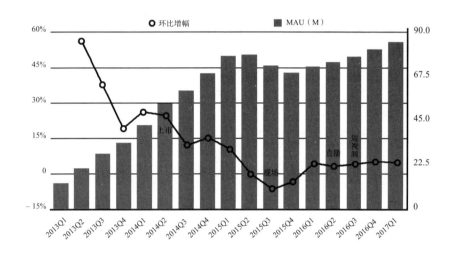

图19-1　2013—2017年陌陌日活环比增幅情况

所以，陌陌必须转型。

如果给整个社交产品线拉一个轴，最左边是异步，最右边就是即
时。异步之所以能够成立，是由于用户之间对"事"而非对"人"更
感兴趣，可以忍受等待时间。而对于陌陌这样的陌生人社交平台而言，
"认识人"比"聊事儿"重要得多。因此，如何向即时靠拢，成了陌陌
提升社交效率的关键。（在异步和即时中间，有一个"伪异步"模式，
即Tinder、探探的照片匹配模式。男性看到的照片中，有一定概率是
对他感兴趣的女生。如果两个人都点赞对方，则立即配对。虽然后续
的交流仍然是异步的，但这种配对成功的快感仍然会刺激用户停留在
平台上。）

所以，陌陌后来推出了直播的模式，这无疑是最即时的一种产品形态。如果说 Tinder 模式还需要男生敲敲门，那么直播就成了"大门敞开任君观赏"。直播用一对多的方式，解决了社交平台女性用户稀缺的问题。

而陌陌做直播的优势，在于它的用户都有很强的交友目的性，而不纯粹是为了打发时间。这种目的性，使得陌陌在长尾直播内容的分发问题上处理得比其他平台更好。相较秀场模式，用户对于主播的地理位置而非名气更加敏感。

然而，相较过去 LBS、探探类社交，直播难以沉淀一对一社交关系。它能让用户认识新朋友，但质量却远远不如过去那么高。因此，陌陌在 2017 年二季度继续发力视频社交，将一对一（Monkey、Tiki）、多对多（Houseparty）和现有的一对多（直播）打包，全部加入产品。

不管你想干吗，只要你进来，我都有产品功能能够马上满足你。而且这里的重点就在于"马上"两个字。这就是陌陌在做的事情：解决即时性社交需求，而非陌生人社交。所以如文章标题所说，也许大家一开始对陌陌的定位就错了。陌生人社交是表象，即时性社交需求才是本质。

从"同步—异步"的模型出发，我们还可以继续分析中美两国社交市场。

在图 19-2 里，我们用同步—异步—陌生人—熟人划分了一个四象限图，并把美国社交类 App 的前 50 名中的一些典型案例都摆在了里面。

"异步 + 熟人"象限是最为拥挤的细分市场。

"异步 + 陌生人"象限大致可以包括三类：一类是以 Pinterest、Tumblr 为代表的兴趣社区应用；一类是以 POF、Match.com 为代表的婚恋应用；最后一类是以 Flamingo、GetFriends 为代表的扩列类应用。

用户输入自己 Snapchat、Instagram、Kik 账号，加上一段简介和标签，系统就会根据 LBS 位置和标签展示其他陌生人信息与社交网络账号。

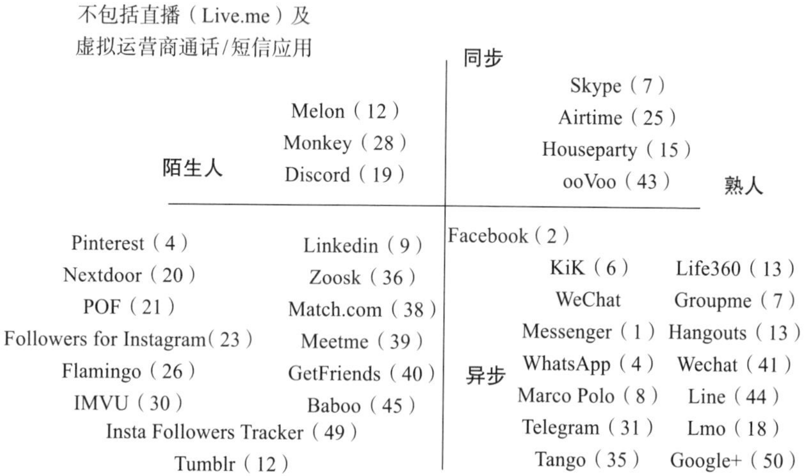

不包括直播（Live.me）及
虚拟运营商通话/短信应用

同步

	陌生人		熟人
	Melon（12）	Skype（7）	
	Monkey（28）	Airtime（25）	
	Discord（19）	Houseparty（15）	
		ooVoo（43）	

陌生人			异步	熟人	
Pinterest（4）	Linkedin（9）	Facebook（2）			
Nextdoor（20）	Zoosk（36）	KiK（6）	Life360（13）		
POF（21）	Match.com（38）	WeChat	Groupme（7）		
Followers for Instagram（23）	Meetme（39）	Messenger（1）	Hangouts（13）		
Flamingo（26）	GetFriends（40）	WhatsApp（4）	Wechat（41）		
IMVU（30）	Baboo（45）	Marco Polo（8）	Line（44）		
Insta Followers Tracker（49）		Telegram（31）	Lmo（18）		
Tumblr（12）		Tango（35）	Google+（50）		

图 19-2　美国社交类 App 前 50 名中的典型案例分布

"同步+熟人"象限中，Houseparty 是多对多视频社交的鼻祖，而且其实 Houseparty 的重点在二度人脉的搭建，也可以说是横跨熟人与陌生人。其余两款产品，Airtime 与 ooVoo 都是在其基础上补足了场景。

"同步+陌生人"象限中，Monkey 是随机连线社交的鼻祖，Melon 则是致敬者。进入产品后填写资料，开始匹配一对一的 60 秒视频通话。Discord 主推游戏实时语音和主播粉丝群，目前在 Twitch 上曝光率很高。

按照同样的逻辑，我们又做了一款中国版的（见图 19-3）。

在"异步+陌生人"象限中和美国注重熟人不同，"异步+陌生人"反而是中国最拥挤的市场。除了探探、珍爱网这样的婚恋交友平台，绝大多数都是以兴趣、内容为主的社区，涵盖游戏、写作、文艺、娱乐。美国当下很火的扩列类应用，在中国排名却很靠后。

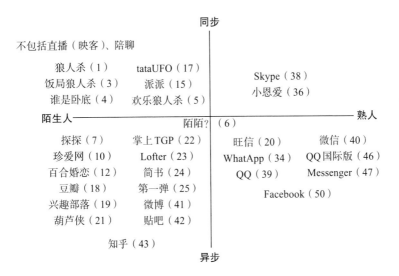

图19-3　中国社交类App分布

"异步+熟人"象限自然是"老大哥"的市场，不多说。然而也没有什么主打视频的应用。

"同步+熟人"象限中，小恩爱勉强可以算。模仿Houseparty的开Pa暂时位列第107名。

为什么中国熟人社交更倾向异步而非同步？我的理解是视频社交还没有成熟，后来者还处于打磨产品和培养用户的阶段。

在美国，Snapchat开创了用摄像头交友的先河，为视频社交在美国的爆发提供了基础。然而在中国，对标Snapchat的产品仍然在去工具化的道路上前行，还很难称得上一个强势的社交平台。陌陌这次的改版，也一定程度起到了教育市场的目的。

"同步+陌生人"象限又是一个和美国迥异的市场。8款产品中，有6款以游戏切入，配合实时语音、视频进行交友。游戏为多人语音、视频社交创造了场景和媒介（对标 Monkey 的 Tiki 排名 67）。

综合来看，在目前这个阶段，整体社交市场的机会应该集中在"同步＋陌生人"象限。

在这个类别下：

一对一是最难做起来的，这个世界里女生是稀缺资源，一对一无疑是对稀缺资源的浪费，而比起女生来，会聊天的男生是更稀缺的资源。所以一对一"尬聊"的留存率无疑会很低。

一对多是最被验证的，但是目前所有的直播平台都更偏秀场模式，要做到真正的社交也很难。

所以，剩下的最有想象空间的就是多对多的视频社交领域了。类似 Houseparty 及开 Pa 能否解决好匹配效率与聊天场景的问题呢？类似玩吧、狼人杀等真的能够延续社交属性吗？

拭目以待。

| 精选留言 |

李竟菖：

西方年龄层割裂，熟人和陌生人拉新可以用同一套"病毒＋垃圾邮件"的方法，一直有机会。国内陌生人社交可以奔着变现去做商业化产品。熟人是一块铁板，坚持切熟人社交都是创始人还不肯对现实妥协。只能祝做熟人社交的勇士好运……坚定看好"即时"这条赛道。

作者回复：

外国人都去各种"吧"了，中国人都在线上社交。

20 知乎的野心与终局

市场竞争的魅力和价值

周源用了6年的时间，终于把知乎打造成了一家独角兽公司。

2016年年中的时候，我曾经认真考虑过要不要去知乎工作。我还记得，当时我给某个知乎高管发微信："听闻知乎内部节奏很慢，是否执行力上会有问题？"要知道，对于一家互联网创业公司来讲，内部的执行力和大家的工作态度是直接决定公司生死的。而那个人给我的回复很有意思，他回复说：

"不存在了。"

中文的"了"表示完成时，用在这里很恰当。

在我问这个问题的前不久，姬十三的果壳刚刚上线了一个新产品，叫"分答"，随后知乎的节奏明显快了起来，从值乎到知乎Live，再到电子书店等新产品不断迭代。

所以，主观上来讲，作为一个热爱知乎的日活用户（整个2016年我的登录天数是360天），我是感谢姬十三和果壳的。

这就是市场竞争的魅力和价值所在。

"在不确定的年代，更要追求确定性"

我去参加了华兴资本的2017年新年媒体沟通会，整场下来让我印象最深的一句话是包凡所说的："在不确定的年代，更要追求确定性。"

2016年整个一级市场的投资数量不降反升，但如果分割来看，会发现早期投资的数量大幅下滑，而后期投资的数量大幅上升。

显然，基金们也都在"追求确定性"。

今日资本合伙人徐新在和周源短暂接触之后，就用极快的速度和不低的估值敲定了这笔投资，正如一位做后期的投资人朋友曾经跟我说的："知乎这轮融资太顺利，份额想抢都抢不到了。"

对于投资者们来说，知乎就是这么一个确定性偏强的案例。毕竟创业项目也有头部、腰部和尾部之分，知乎作为目前市场上少有的头部项目，还是比很多同类项目要来得稳妥一些。

但是，确定性和上升空间之间往往是有矛盾的。知乎的终局到底会是什么？还有多大的上升空间？该如何识赢利？……

抱着这诸多问题，我一边思考一边翻遍了周源在知乎上的回答。我发现，在他的341条回答里，有很多非常深入的思考，可以直接或间接地解答我的很多疑问。

知乎的本质是什么？

需求从来不是被创造出来的，而是重塑、迁移或转型的。所以知乎的产品形态也一定是还原了某种线下的场景，那就是问答对话。

人和人的交流是靠互抛问题来延续下去的，所以问答本来就是人们最基本的加深彼此连接的方式。如我在一篇文章中所写的，社交媒体的本质就是搭建媒介，那么无疑问答就是那个最自然的媒介。

也如周源所说，人类每天都在大量交换信息，而问答就是其中最重要的一种方式，但传统线下的问答是低效的，比如你不一定能问到对的人，比如你们的对话不能留存下来给别人分享，等等。

所以，知乎要做的就是提升人们交换信息的效率，而且是真正有价值的信息。

在《知乎的初心》一文中，周源又说："我们相信一点，在垃圾泛滥的互联网信息海洋中，真正有价值的信息是绝对的稀缺品，知识——被系统化、组织化的高质量信息——都还存在于个体大脑中，远未得到有效的挖掘和利用。知乎提供了一个产生、分享和传播知识的工具，我们鼓励每个人都来分享知识，将每个人的知识都聚集起来，并为人人所用。"

所以，我们可以知道，知乎要做的其实是提升人们交换知识的效率，方式就是通过问答连接人，让每个个体贡献自己的大脑。

为什么知乎做起来了？

越大道至简的东西，越有价值，也越难做起来。问答这个看起来无比朴实的事情，为什么知乎能做起来？

周源在一条回答中说道："一个社区想要规模化运转，一定需要四个要素，第一是规模，多才不同，不同即丰富；第二是成本，沟通交流成本要足够低，否则社区运转速度会很慢；第三是清晰度，每个用户都明确从社区中可以干什么，获得什么；第四，这也是最重要的，最容易被忽视的，就是文化。"

从产品层面来说，前三点知乎做得都没问题，从运营角度来说，第四点知乎做得尤其好，我觉得这就是知乎能做起来的主要原因——足够耐心而精细化的运营（具体表现为诸如对早期用户的把控筛选、长期内测不开放注册的政策等）。用户不断因为优质的用户群体和这个群体生产的好内容而来。

而从产品壁垒角度来讲，知乎具备一定程度的网络效应和更大程度的规模效应。

对社区来说，用户的网络效应是单点放射状的，即知乎内所谓的"大V"单向输出给他们很多的粉丝，所以对于"大V"来说，是有一定网络效应留存的，但对绝大多数的长尾用户来说，知乎提供的并不是社交的价值，而是阅读和学习的价值。也就是说，知乎最成功的点，也是最大的壁垒，其实是它的规模效应。人越多，每个问题就越可能被合适的人回答，就越可能留下和新增好的"知识"，也就越吸引人。

知乎、分答和罗辑思维有什么区别?

同样是当下最火热的"知识变现"的代表，这三个产品其实有很大的区别。

知乎做的是连接人和其背后的知识，最终是一个有内容沉淀的社区。这种产品形态是我最看好的。

罗辑思维其实本质上是数字时代的出版社。前几年，很多人把出版物线上化，做的事情只是单纯地把纸质书变为了电子书，但事实上，媒介彻底改变以后，内容的呈现方式为什么不能一起改变呢?

视频、语音、文字等各种形式的内容都是出版物。得到的团队就是数字时代的编辑部，得到的想象空间就是整个出版内容市场。

但是，和知乎比起来，得到目前更像是一个纯自营的团队，延展性不如知乎这样的 UGC（用户原创内容）平台。我相信在未来，知乎和罗辑思维在某些层面会有一定的竞争，尤其是头部的"意见领袖"资源和相应的数字出版业务上。

最后，分答是到目前为止，我最不看好的一家。

周源曾经对"有无公共区域（社区）的社交产品"做过评论，他说："我觉得两者在产品设计上最大的不同是，如果情况是'写操作'（内容创造）发生在私人区域，信息想要大规模地沉淀，有目的地生产内容，是很困难的。"

知乎就是有公共区域的社区，而分答则是无公共区域的个人变现工具。工具走的是流量的路线，更多是短期的变现，是对流量的收割，那么怎样长期而持久地延续下去，怎样和先天具有流量、用户，又有内容的知乎，甚至是微博等竞争，是分答最大的问题。

知乎靠什么赢利？

作为一个头部项目，知乎最大的不确定性仍然是赢利点，我不认为目前的值乎、知乎Live 等产品能支撑知乎的 10 亿美元估值。

虽然周源强调的是知识分享，但不得不承认，目前知乎上的很多内容最多算是轻知识，就是那种让人感觉到自己好像在变好，但实际不一定有用的那类。

很多真正需要学习的知识，更像是上课，是要付出努力和汗水的，是违背人的本性的。

知乎Live目前的很多内容最多叫作"分享",而不是"课程"。但是真正能持久赢利,且能赚钱的,都是课程,尤其是应试教育。这还是因为学习是有部分违背人的本性的因素存在,大多数人都需要被督促学习,被强迫学习。

所以,考研培训、英语四六级考试培训、出国考试培训、公务员培训、IT职业培训等,这类的教育课程才是市面上最长久而可持续赢利的(K12除外,因为K12的用户和付费人是两个群体,所以例外)。

这些培训的共同点是:

1.有明确时间节点和里程碑事件;

2.培训质量和结果可量化;

3.明确的利益结果导向。

所以,如果知乎真的想凭借Live产品持久赢利下去,我会建议从目前的"分享"类别中,分离出一条应试教育课程的路线。不然,"分享"也一样是收割流量的行为,哪怕知乎的内容能够源源不断地吸引流量,长期来说付费用户的完成率和复购率也一定是有问题的。

当然,除了知识付费,知乎应该做却一直没做好的另外一点就是广告。

所有的社区,尤其是信息流型的产品的主要赢利方式从来都是广告。怎样不损害用户体验,又能做好广告,是知乎最重要的一步。比如朋友圈广告,就很好地从损害用户体验,变为让人期待的产品的一部分。

知乎的终局是什么?

我在前面讲过互联网经济的主循环。

看到徐新投资知乎的消息以后，我突然想到了2016年同期华创资本吴海燕主导的对"什么值得买"的投资。我觉得这两个案例在本质上有很多共同点。

正如徐新在知乎上的回答中提到的：

"互联网进入下半场，交易相关的大平台已经形成、几乎垄断。如果你做电商，你就要问自己两个问题：你比京东好在哪里？你比淘宝好在哪里？而内容的春天才刚刚开始。以前大家买东西图的就是便宜，便宜就是流量入口。现在流量入口是内容，不管是买东西还是生活中做各种决策，大家都要看内容。"

无论是知乎还是什么值得买，在互联网经济的主循环中，都位于"该买什么"的位置（不只是买实体商品，也可能是买虚拟服务），这就是内容作为入口的价值。比如，我现在买任何东西，都会下意识地去知乎搜一下有没有什么推荐。当然，"什么值得买"还提供了链接，可以同时解决"去哪里买"这个问题，就更加有价值，这应该也是知乎可以探索的方向。

但不管怎么说，目前市场上的电商巨头最缺的都是"该买什么"这一点。甚至可以说，看内容选产品的行为，可能会最终复刻人们线下"逛"这个字的精髓。那么同样投资了京东的徐新，是否能牵线让知乎和京东在内容和电商的结合中有更多的合作呢？这会是我特别期待的事情。

最后，再说远些，开点脑洞。

周源在"你如何看待谷歌搜索组更名为'知识集团'？"这个问题下，回答说："逻辑上，数据、信息和知识是递进关系。……对信息的索引，谷歌已经做得很好了，服务器每天还在不停抓取，但是，有些东西搜索引擎索引不了，或者说不是常规处理信息的方式可以处理的。"

　　如果真的如周源所说,数据、信息、知识是递进关系,那么百度与知乎,是否也是一种递进关系?从信息的搜索到知识的搜索,在未来5年甚至更久的时间里,又会发生什么?

　　不论如何。要实现这些愿景,无疑,这次的融资应该花更多的钱在升级团队上。10亿美元的估值是开启新阶段的标志,如果运气足够好,通往百亿美元的路也还在前方。

┃精选留言┃

梁可:

非常同意知乎目前只是分享了一些碎片知识,而真正能为自己所用的知识必须通过违背人的本性的学习才能得到。Coursera及"慕课"(MOOC)不知道符不符合呢?

作者回复:

符合,但因为不是结果导向,所以有类似的问题。

沈升杰:

互联网信息泛滥以后,需要解决如何快速得到最优解的问题。谷歌很难给你最优解,知乎通过间接的方法给你一系列可能是最优解的答案。可以类比古代印刷术普及后造成的书籍泛滥,书籍泛滥以后没人能知道什么书值得看,那就需要有什么大师或者书院选一批经典出来让大家看。这批人掌握了东西好坏的话语权,相当于掌握了很多权利的解释权。如同祭祀阶层一般其实很有价值可挖。

21 新零售的投资逻辑

服务与产品的售卖组合

我觉得所有线下经营业态都可以被放到一个坐标系中，坐标系中的一条轴是服务，另一条轴是产品。

服务型商家的售卖单位一般是时间，服务质量无须标准化；而产品型商家的售卖单位是件数，产品质量必须标准化。比如按摩、健身房等是典型的按时间售卖，衣服首饰等是典型的按产品售卖。餐饮和奶茶等商家，在客单价相对稳定的前提下，最终也是偏向服务型售卖时间的（所以对于餐饮行业来说，翻台率是最重要的指标）。

在线上渠道崛起之后，售卖产品的线下业态是被打击得最厉害的，因为产品是标准化的，可以在网上买的就没必要去线下买。而售卖服务的商家相对来说影响偏小。

所以，现在线下业态都在谈"体验"。零售业态都在往自己的模式中加入更多体验和服务的元素，试图给标准化的产品加上一层非标的外衣，吸引人们进店消费。（比如，餐饮和零售的最明显体验差异就是食物的"温度"属性。所以最常见的关东煮、包子、烤肠等，都是对零售的标准化产品进行加温，带来更好的体验和更高的毛利。）也由于线下实体商店和客户的接触点更多，所以更容易营造全方位的体验，并且和用户产生更多的互动，最终就在用户心中留下了一个360度的品牌形象。

但是，服务型商家也有一个瓶颈，就是售卖时间的生意天花板极低，难以扩量，所以这些商家也开始研究和推出标准化的产品。于是，上海的"全家"开始出现餐饮区，而餐饮商家开始推出标品的外卖套餐选择，这就是所谓的"餐饮零售化，零售餐饮化"的典型例子。(其实这套宜家早就玩得很成熟了，有多少人去宜家是为了餐区而不是家具？)

所以，我相信由于获取流量和持续增长的双重需求，最终新零售的一个很大的特点就是服务和产品的售卖结合。

线上与线下的结合

对于所有线下业态来说，最终的账都可以用一个公式来算：

$$利润 = 进店人数 \times 转化率 \times 客单价 \times 利润率$$

我们上面已经讲了，线下服务型消费的坏处之一是服务人数是有上限的，所以要用产品化来解决。

这也是为什么喜茶现在已经开始卖软欧包。

当一个品牌火到排队人数那么多的时候，就说明供给能力满足不了需求了，而且由于喜茶这类产品需要现做的特性（售卖服务，有附加体验，时间属性产品），决定了供给能力注定是有上限的。

所以企业的赢利能力实际已经达到瓶颈，要赚更多的钱，最好的方式就是扩展产品线，让每个用户的客单价提高，售卖奶茶配套产品而且是标品产品就是最好的选择。

但是，线下服务的另一个问题是，流量（也就是进店人数）也是有天花板的。一般来说，一个商圈的自然流量，就是一家店能够获取的流量上限。这和互联网业态是不同的，每家互联网公司从理论上来讲流量上限都是无穷的。所以，新零售的另一个特点就是线上与线下的流量结合，全渠道获客与变现。

过去，各种餐饮零售公司的营业增速往往和投入成正比，且没有边际效应递减。所以互联网公司的单位经济模型是不断变化的，而餐饮零售公司是基本固定的。这就是说，一家餐饮企业，能赚多少钱基本取决于开多少家店。每开一家店都要付出等比的房租成本、人力成本和原材料成本，而且获得预期内的回报。

所以很多 VC 觉得，线下的生意仍然是 PE 的投资机会，不适合 VC 投资。但在新零售时代，如果全渠道问题解决了，线下的流量获取后可以继续导流到线上消费，用户终身价值也会显著提高。

最终，也许增长潜力和速度的问题可以被部分解决，企业的估值也就会更高了。（比如喜茶既然这么招客户喜欢，又形成了一定的品牌认知，以后何不趁势出个自己的线上平台，在线上售卖奶茶、面包之外的标准化产品组合呢？）

新零售的终极状态

我曾观察过美团的布局，发现它们用或自营或投资的方式，布局了一整条生态链上的企业，从最上游的进货方到中间的餐饮企业管理工具，再到最后的外送等。我觉得美团在做的就是餐饮业态中底层服务设施的搭建，最终整个链条上都是美团的生态。

想象一下，从进货开始到最后的外送环节都已经搭建完成，中间还有一整套ERP（企业资源管理）系统，那么每一个餐饮商家，其实都是美团的虚拟服务商，都是外层的服务顾客的触手。新零售的极致也是一样的，每一家实体店，都是具备基本销售能力的体验中心和品牌养成馆，每家店也都是一个大体系中的库存外包，也是线上售卖的区域分拣中心。

所以，最终无论是阿里还是京东，终极状态都应该是把基础设施做到最好，让每一个生意人都成为变相的打工者。

而这个事情确实挺适合便利店来做，写到这里，从长远来看，还真是更对"便利蜂"有所期待了。

新零售的投资逻辑

最后，基于以上分析，对于投资人（尤其是早期投资人）来说，我觉得有两个投资机会存在：

1.有线上线下协同效应的，有服务和产品结合点的，能够快速通过单点做出口碑和品牌的商家和团队。（虽然还是很难，但假设能部分满足这些，之后就可以交给PE来投资扩张了。）

2.能够在线下零售生态链条中进行赋能的，比如类ERP系统等。

| 精选留言 |

锁宇浩：

线下零售优化主要有两条路径——通过服务和产品升级提升客单价，通过系统、场景和线上渠道塑造提升翻台率和售卖范围。

Damon：

一种是帮助传统企业提供线上线下的解决方案和工具，帮助商家做新零售；另一种是消费升级的时代，做小而美的产品或打造一个品牌。

Rosicky311（明浩）:

想到了"游戏的收入 = 用户量 × 转化率 × ARPU（每用户平均收入）"。

22 一场关乎留存率的竞争——内容创业的商业本源

从做微信公众号开始，就不断有人问我："为啥不做投资人，改行做内容了？"其实，我写文章的初衷很简单，就是想分享。投资本身是用钱做杠杆，内容则是用文字和思想做杠杆。如果做好了，内容对这个世界的影响和改变，可能会比金钱更根本、彻底和广泛。

下定决心以后，我就同时用投资人和创业者的视角审视内容创业这件事。像思考其他行业一样，我会想，为什么内容创业能够起来？现在发展到什么阶段？下一步会如何发展？成功的要素是什么？等等。

在这个过程中，我一边思考一边实践，于是就有了以下的问题和我自己摸索出的答案。在此分享给大家，权当一家之言，仅供参考。

起源：这波内容创业的本质是什么？

对于最早的媒体行业来说，最稀缺的资源是品牌、渠道和广告主。也就是说，一本杂志要活好，要有好的品牌，铺到足够多的线下渠道，并且有认可自己的广告主。而新媒体时代，虽然品牌和广告主都有相应的迁移和改变，但实际彻底改变的是线下渠道这个角色。微信让每个人都能发声，并且都有可能传播给一个巨大的人群。

当新的渠道出现的时候，很少人能在最开始的时候看清楚趋势，而且广告主们也不知道该怎么参与到新的生态的建设中。所以，旧时代的巨头们就没有动力不断探索新的平台，这就给新的内容创业者带来了机会。

再加上一个新平台崛起的时候，用户们有强烈的消费内容的需求（就像一个突然产生的真空世界中人们对于氧气的需求一样），所以内容创业者可以少见地以指数级的速度，随着平台的增量一起增加用户。

过去一两年间，微信公众号平台上这波创业者就是抓住了这个机会。

现状：内容创业现在处于什么阶段，有什么问题？

但是现在，整个微信平台的增速明显放缓了（从打开率来说，甚至是在不断退步）。那么对于由于渠道变革而兴起的一大波创业者来说，最大的问题就是同质化。

既然大家都是因渠道改变而起，那么每个人都是借势者，而不是造势者，所以很少有人真正形成自己的壁垒或掌握了所谓的稀缺资源。何况，对于内容创业者来说，难以复制、难以垄断是一直存在的问题，最终从生意的本质来看，这个问题就表现在了越来越低的留存率上。

在渠道红利期中，由于新用户飞速上涨，所以掩盖了老用户流失的问题。但现在渠道红利已过，那么所有人都会遇到留存率过低的问题，甚至有一天留存率会低到让整个公众号产生负增长。而这里所谓的负增长倒不一定是关注者绝对数量的下降，而是最终发的文章越多，打开率越低，阅读量越少。

说白了，一个好的内容创业者最擅长做的事情就是获取流量。而留下用户，并且深挖留存用户的商业价值（转化率）则是内容创业者（尤其是很多转型的传统媒体人）会遇到的最大的瓶颈。

未来：要"纵而深"，而非"小而美"

内容创业和其他创业没有什么本质的区别，有很多人之前的核心追求是阅读量或关注量，这是不对的，任何生意最终追求的都应该是最后能到手的真金白银。

所以，用户数和每个用户能够带来的收入这两个指标才是最重要的，最终我们要看的是这两个指标的乘积，大流量低收入和垂直领域的小流量高收入不一定孰优孰劣。

所以，有人因为做的用户多就觉得自己厉害，也有人因为垂直人群太少就觉得自己小而美做不大，这都是不对的。小不小、美不美，都不重要，最终重要的就是那个乘积。

由于内容和人群本身的特性，要做广泛的人群，内容就一定要浅，而内容越浅和每个用户的关系就越弱，关系越弱在每个人身上能够赚取的信任（从而转化来的收入）就越少。更别说关系越弱，留存率也会越低这件事。

所以，未来做垂直人群是个更合理的选择，也就是我说的纵而深。举例来说，哪怕我写的东西只给马云一个人看（纵到极致），但是能影响到马云本人的投资或经营决策，并且被马云所需要和认可（深到极致），那么我创造的价值就会比那些有几百万订阅用户，却只能靠流量做广告的要强得多。

目前，还有非常多的公众号运营者把流量变现经营得像割韭菜一样，那么这些公司迟早会沦为一个半死不活的小广告号。

它们都没有意识到：泛而浅更短暂且无价值，纵而深更持续且有价值。

那么，基于这些分析和理解，具体该怎么做呢？

具体策略（一）：持续产出优质内容和观点

一切事物的价值都由供给决定，越稀缺的事物越有价值。所以信息爆炸、糟粕横行的年代里，优质的内容和观点就是稀缺和有价值的。

我曾经写过一篇文章，说 CD 之所以为 CD，很大程度上是受了实体光盘这个载体的影响。不然，谁规定一定要凑够 10 首歌才能是一张专辑呢？谁规定专辑推出以后就不能再更新了呢？

杂志也一样。对于杂志来说，很大程度上固定的是页数，那么为了每期内容达到一定的页数，就一定要在内容上做文章，删删减减、凑凑补补肯定是免不了的。比如封面文章和一些长报道，本来就是为了做优质爆点内容，而其他一些小品文则难免是为了调节阅读节奏等。

但问题是，新媒体时代人们有太多自主的选择。作为读者，不需要某一家媒体每天更新大量的信息来满足，也不需要媒体为了存在于读者视线中而去发一些简单的小品文，因为他在朋友圈里随手打开的都是这样的文章。

所以，为什么一定要每天更新？为什么一定要提供大量的信息和内容？如果我现在出一本线上杂志，每周只发一篇封面内容，而没有后面的小文章，那么谁又能说这不是一本合格的"周刊"呢？

更甚，既然已经不是纸质杂志，那么音频、视频等各种富媒体形式也理应使用到文章中来，只要能更好地表达，一切形式都是手段。

所以，与其说现在人人都是记者，不如说人人都是主编。

当然，我曾经也无数次地看着今日头条文章下面的评论问自己，用户真的具有对内容的判断力吗？用户对他人观点的反馈是不是只有"喷"？

但后来我发现，首先，用户对内容好坏的判断是存在一个阈值的。曾经看到一句话说，"所谓的叫好不叫座，只是因为还不足够好"，我觉得这句话是有一定的道理的。

大多数文章，虽然你觉得自己花了心力，但事实结果上并没有比正常的"朋友圈文章"好多少，以致很容易就被淹没了。而比如36氪近期的很多特稿文章，就确实明显优于其他文章，不管是选题还是操作层面，都会引起人们广泛地讨论和转发。

其次，从反面进行思考，当一个人一开始好好做内容，最终却越做越烂的时候，总会有很多人跳出来表达失望之情。那么，如果一个人有判断"坏"的能力，自然就说明他有判断"好"的能力。所以，像我之前一篇文章里所写的，很多时候大家只是不习惯为好的事物发声而已，但这并不代表人们看不到你的真心付出。

所以，当你做得足够好的时候，还是会有足够多的人认可你。

写到这里，我们不妨多问自己一句，优质内容和观点最终带来的是什么？流量吗？那太浅显而浮于表面了，再好的文章也不一定有一段猫猫狗狗的视频获取到的流量多。我觉得，持续生产好内容带来的是和用户产生的一种信任关系。

"造作"的CEO舒为曾经说过，"品牌就是标准"，我深有同感。

用户产生购买行为的时候，是对标准有预期的，不管你去全世界哪里的星巴克，你都知道味道是有保障的，是会符合你的期待的。而搭建信任关系，就是建立品牌的必经之路。

所以在当下，对于内容创业者来说，要努力去争取的稀缺资源就是一个能够让用户产生信任关系的品牌，品牌是提升用户忠诚度、留存率和付费意愿的最重要的壁垒之一。

具体策略（二）：社群的价值

到底为什么罗辑思维、新世相等公司都在做社群，并强调社群的重要性？

美国有一个著名的理论，经常被与摩尔定律相提并论，叫作梅特卡夫定律（Metcalfe's Law）。这个定律讲的是，网络的价值随着用户的增加而呈指数级增加。但他对这个网络的定义有一个前提，那就是每两个用户之间都是可以连接的。

如图22-1，这种两两连接的网络带来的是稳定的网络效应、更多的使用场景和数据积累、更高的留存率和平台价值。

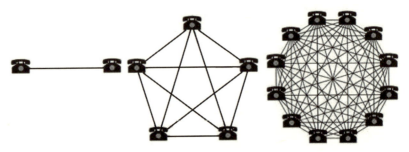

图22-1　两两连接的网络示意图

在传统的纸媒时代，媒体的关系都是单向的，永远是一个点在中心呈放射状地输出，外部的一圈点做着单向地接收，并不形成互动关系。媒体无法即时知晓用户的信息，也无法定向地激活某个用户。但在新媒体时代，连接让双向的互动关系，甚至是网状的社群开始变得可能。所以，罗辑思维和新世相等都在强调社群，这背后的根本原理就是把内容生产者与读者单向的关系，变为双向甚至网状。

从根本上看，其实脸书是先做了一个网状的社群，再让这个社群自发地产生内容，最终也是一个内容平台。而现在的很多媒体则是先从内容切入，如果最终能够把社群做好，则反过来又是一个社交网络。

不同的切入点，最终却殊途同归。

我期待未来有一天，内容领域的同行可以杀出这么一条血路。

| 精选留言 |

缪晓栋：

社群的本质目的是不是让用户形成自传播、自活跃，从而减少商家在传播上投入的成本（相对于单向传播模式来说）？记得有篇文章说过，推广传播要找能够让用户相互影响的市场，从而最终让用户自发帮你传播，而不是你自己不停地用力传播吸引流量。

马凌同学：

请教曲老师，"社区"和"社交"的边界在哪儿？跟"社群"是一回事吗？貌似前者靠内容驱动，后者靠关系驱动，还是其实就是伪命题，文字游戏而已？

作者回复：

我觉得"社区"和"社群"差不多，它是一个散装的群体。"社交"是指每两个人都互相连接。

孔燕斌@乐乐书：

非常赞同几点：1.优质内容是王道；2.经营内容是经营用户对内容的信任，建立内容品牌，有了品牌之后才能影响用户、创造价值；3.内容和用户联系依单向、双向、网络（社群）次序增强，连接增多，结构更稳定，内容构建更纵深。

汤仙君@君翼资本：

不管是打造优质内容还是建立社群，应该说都是为了留存率在努力，然后通过内容的价值创造收入。可这种收入的持续性如何呢？特别对于个人内容创造者而言，当然可以像文学网站一样，持续更新，然后收费，这个就需要非常大的用户基础，个人应该也很难做到千万元甚至上亿元的级别。所以之前，我一直认为内容创业未来是不赚钱的。

23 出行三部曲（一）: 出行市场大混战

共享经济与租赁经济

传统的共享经济用一句话表述就是，把事物现有的拥有权转化为使用权，形成了C2C（消费者对消费者）的网络交易平台。

所以爱彼迎（Airbnb）是共享经济，优步是，滴滴也是。

但是从这个角度来看，ofo和摩拜则不是。摩拜是彻底的B2C（企业对消费者）租赁经济，所有的车都是自主研发、制造和投放的。ofo的车目前有90%是自营，10%是C端（消费者端）共享得来的，但所谓的C端共享也是用户把自己原本的自行车上交充公的共享，即C端彻底丧失了拥有权，最后对于ofo来说也全部是自营。

所以，大家把这两家公司所做的事情叫作"共享单车"，其实从理论上来讲是不准确的。如果这类型的租赁经济算是共享，那么国内出现得最早的共享经济体大概就是"酒店"或"网吧"了。

ofo和摩拜本来可以选择用纯共享经济的方式切入，事实上ofo一开始也正是这样做的，但是尝试后发现要撬动一个如此之大的传统市场，没有自营车辆是行不通的。所以在这个市场内，也许把共享经济转为租赁经济确实是一种更有效的解决方式。

毕竟，目前一个可见的趋势是所有的共享经济玩家都在向自营延伸，爱彼迎开始自己造房子，优步开始投放无人驾驶汽车，滴滴在高端的专车领域使用自有司机。那么也许本来共享经济的极致就是自营？或者说自营至少会是这些公司现金流的重要组成部分。

这甚至不止是共享经济，所有的平台型企业都在走向自营，像饿了么、美团外卖、百度外卖这些平台型玩家都在向自主经营饭店的道路发展。因为：

1.互联网公司本身具有天然的垄断属性；

2.互联网公司本身需要持续追求高增长性；

3.互联网公司具有天然破坏性，可以以战养战，可以不求短期利益地进入新的领域；

4.当前恶化的市场环境给互联网公司带来更多赢利的压力。

结果就是，所有的互联网企业都在横向领域中扩张、纵向领域中延伸。具体表现就是"只要能取代的上游都要去努力一下，只要能触及的C端都要去争取一下"。

所以对于有人又有钱的巨头公司，基于长远布局的正确性，战略思考的角度早就变了，现在的问题不再是"我能做什么"，而是"什么该被做"。所以你会看到互联网公司做金融、做汽车等。自己不行不要紧，只要事情本身有意义，就算买公司、招团队都要做。

再说回到ofo和摩拜，之所以花这么大篇幅讨论其商业类型是租赁经济而非共享经济，是因为这随之而来的是更重要的一点结论，也就是它们商业模型核心的区别和带来的影响。

共享经济的核心是网络效应，是搭建一个合理有效的双边平台。对爱彼迎来讲要有房东和房客，对优步来讲要有司机和乘客。网络效应依靠的是产品的设计、人群的推广等，并且自带病毒传播式的高增长性和高留存性。（当然，其实从理论上来讲，滴滴的网络效应相对是较差的。）

但是，租赁经济的核心是规模效应，因为这个商业模式不再是C2C，而变成了B2C，供给端完全由一个公司解决，尤其是像自行车出行这种市场容量巨大的市场，要让市场起一点小小的涟漪都需要投放出去几万辆自行车才可以，所以这个领域中的公司完全拼的是规模效应，而规模效应的背后就是资本、现金流和资金利用的效率。

所以，对于ofo和摩拜这两家来讲，因为选择了租赁经济的B2C模式，想要成功最核心的竞争力反而是在资本市场上讲故事和融资的能力。

当然，ofo和摩拜也应该感谢彼此，竞争带来了资本市场更多的关注，也带来了更多的钱。如果当初只有滴滴没有快的，也就不会有今天的滴滴。对于ofo和摩拜来讲也是一样的道理。

便捷性与低端颠覆

回头来看，滴滴对出行市场的改变可以说很彻底，又可以说很少，尤其是垄断加价之后。

试想，在没有滴滴的时候，大多数人出行不打车是因为车不好打吗？也许有一点这方面的原因，但更多应该还是因为成本高昂。所以，不管滴滴把打车这件事变得多容易、多便捷，都不能让因为价格而选择其他出行方式的人选择打车。

为什么人们一再讲互联网要提升效率？因为单位时间内的效率提

升，带来的其实是总价值的提升，而总价值的提升反过来可以使分配到每单位时间的成本下降，从而降低单价并扩大产品的人群基数。这句话听起来很绕，下面我用打车市场的例子来具体说明下：

比如一个司机，本来一天跑10个小时，接100单，平均每单30元，也就是每天能挣3 000元。如果因为滴滴的存在，一样跑10小时，能接150单，每单仍然30元，也就是每天能挣4 500元。这时候如果滴滴进来参与定价，对司机说，因为我的存在，你每天工作时长和里程数不变的情况下，多挣了这么多钱，那么我有一个要求，就是你把客单价降低一点，一样的里程以前收30元，现在收25元吧。最后每天拉150单，每单25元，每天仍然是3 750元，你也还是比之前的3 000元多挣了。怎么样？司机这时候多半会同意。

这就是增加了司机挣钱的效率，从而使司机愿意让利给C端用户。而最终对于整个市场的好处是，本来心理承受底线在25~30元的人，现在可以开始打车了，也就是说把打车的人群基数扩大了。如果市场能够如此持续正向循环下去，价格越低新顾客越多、新顾客越多价格又更低，这才是最完美的状态（当然，时间类型的个人供给一定是有上限的，这也是卖工作小时数的劳动者的劣势）。所以，C端价格能降多低其实是滴滴价值的直观体现，而这一切的根本都在于滴滴能够为司机端增加多少效率。

目前看起来，之前C端价格的下降和打车人群基数的扩大更多依靠的是补贴，而后来处于近乎垄断状态、追求赢利上市的滴滴，取消补贴甚至涨价之后就会给所有用户一种感觉，就是"不比以前打车便宜了"。

如果资源的有效配置，到头来不能降低用户端的使用成本，那配置的结果到底如何衡量，收益又跑到哪里去了呢？要么就是滴滴并没有创造足够的价值，要么就是创造的价值比不上通货膨胀（或所谓的消费升级）的速度，要么就是滴滴急于把那一部分价值从终端用户的口袋中拿走，放进自己的利润表里了。

不管如何，最后的结果就是，本来因为价格降低而进来的用户群体，会因为价格恢复而以同样的姿态离开。他们还是会在紧要关头才选择打车，其余时间选择其他公共交通方式。当然，再加上核心城市拥堵的交通、不认路的司机等情况，更是会加速这一部分客户群的逃离。

就是在这个大背景下，ofo和摩拜出现了。

如果你看过《创新者的窘境》[①]这本书，你就会发现ofo和摩拜是书中所讲的低端颠覆（Low-end Disruption）的典型。低端颠覆讲的是，一大部分用户并不需要市场上过于先进的产品或服务，这些用户被过度服务了。如果有一个更便宜、更低端一点的解决方式，那么这些用户会非常高兴地离开那个看似高端的产品。而这些用户对于那个高端服务提供商来说，恰好又都是最劣质的不太能赚到钱的，所以高端服务商并不会并且也不值得去争抢这部分用户。

在出行市场中，这个高端服务商就是滴滴。滴滴的服务很好，但事实上人们并不需要每次出行都有专车或快车接送，很多人只是需要方便、快捷又便宜地到达目的地。那么ofo和摩拜的出现就恰好解决了这个问题，这两家公司本身加上城市便捷的公共出行系统，已经完全可以满足绝大部分人的日常出行需求。

---

① 2010年由中信出版社出版。——编者注

而低端颠覆最致命的一点是，颠覆型公司会从下至上不断地升级自己的产品、争取更高级的客户，而高端服务型公司会不断地被动剥离最下层的客户，经过多个反复来回之后，到最后，这个相对高端的公司会突然发现自己变成了一个真正绝对高端的、只为少数人服务的公司了，而丢失了用户基础的公司也就离死不远了。

36氪有一篇文章叫《专车涨价已是必然，价格战结束，新一轮服务战开始》，说未来涨价后滴滴们要拼的是服务。此言差矣。作为大众产品，如果最终核心竞争力变成了拼服务，那就又慢慢走向了高端市场的老路，那简直就是作茧自缚，自己拱手要被颠覆了。

人们追求的永远是在一定经济效益之下的便捷性，而不只是便捷性本身。所以只有在价格降到一定水平以后，人们的目光才会再回到便捷性上。

ofo和摩拜之所以能够发展起来，最核心的一点就是它们甩开了停车桩。这也反过来说明了，为什么甩开了停车桩以后这两家的生意就能这么快火起来，就是因为便捷的程度超过了那个临界点。

又正因如此，ofo用低端低价自行车（据称成本为200元＋）投放的发展思路，长远来看反而可能要优于摩拜的高端自研车辆（据称成本为2000元＋）。试想，不管是什么公司的自行车，同等条件下，我一定选择的是离我最近的，而如果两家公司的自行车是同等距离，那我一定选择那个更好骑的，而不是更酷炫的。毕竟这是一个比拼实用性的大众出行市场。

而且，摩拜的车看起来炫酷：车不易损坏、不需要打气、可以自充电、固定车座防偷等。但如果你仔细想来，这些所谓炫酷的点似乎都是在为摩拜自身运营服务的，都是讲给资本方听的，而不是给用户听的。用户也不会关心这些事情，用户关心的只有两点：车好不好找，好不好骑？（至于为很多人诟病的ofo的车锁等问题，对于高速发展的市场和公司来说，用极限法思考问题，只抓核心症结就好，其他的但凡可以用钱和人改变的事情，放长时间维度，大概率来讲都不是事儿。）

有序与调控

不管是规模效应，还是便捷性等，都离不开对资源的有效配置。在出行市场中供给端的资源注定会长期处于短缺的状态，那么用市场手段来调控资源就无比重要。

当年优步起家的时候最聪明的一招就是推出了叫作"动态定价"（Surge Pricing）的功能，我记得滴滴用了很久才把这个功能加到产品里。

简单来讲，动态定价就是在闲时便宜，忙时贵。闲时也就是供给充足，而忙时就是供给短缺。通过这个功能的调控，一方面可以让用户觉得平时用优步出行更便宜，又能够让司机觉得在忙时能够赚到很多的钱；另一方面也可以刺激更多的司机在忙时出来接活从而增加供给，满足用户需求。

对于单车市场也一样。

ofo先是把自己局限在校园市场之中，可以想见它未来可以发展到各个独立的相对封闭的场景中。而摩拜则是一股脑儿地放到整个城市。ofo选择的场景自然从理论上来讲数据会更好看，而摩拜则市场影响力更大。

但同时，ofo相当于是给自己很大的限制，自废了一层武功。而摩拜则容易激进，在这个过程中一定造成了非常大量的资源浪费。摩拜需要明白，再看似无序的增长，也是可以用有序的方式一点点得来的。换句话说，与其把几万辆车陆续放进整个城市，不如先放满一个区域再放下一个。

所以，其实最理想的状态是人为有机地把城市划分为不同的方阵。对于ofo来说，相当于复制出来无数个学校，求和放大成为一个城市。对于摩拜来说则是把城市的定义不断缩小，然后再求和放大，也算是一种复制。

而这种做法最大的问题就是用户自身流动的不确定性，所以我觉得电子围栏技术加上大数据下的动态定价机制，是解决这个问题的关键，也很可能是两家公司未来发展孰优孰劣的最有门槛的一种竞争壁垒。

想象一下，比如一辆自行车，向北骑行免费，而向南骑行要加数倍价格，那么是否能够在一定程度上，通过价格和地理位置的操控，来让每个用户都变成车辆的维护者？当然，事实肯定不会这么简单，但也一定是一个非常有想象空间的方向。

结论

因为租赁经济造成的规模效应要求，带来了对资本的强烈需求。这给ofo的启示是，要更好地讲好这个故事，做好公关，也要更迅速地迎接摩拜的挑战，甚至是更快速地进入城市直面拼杀，而不是固守阵地。风险越高，回报就越高，既然做的是规模经济的生意，就要把规模一做到底。

　　同时，因为便捷性是用户最主要的需求，摩拜在主打一段时间的品牌后，还是应该认真考虑推出低端车辆的可能性，不管是从单位经济效益上来说，还是从为用户提供便捷来说，都更合理一些。更何况，相同资本总数的前提下，每辆单车越便宜，能够投放的数量就越多，这反过来也能形成规模效应。

　　最后，对于滴滴来说，单车市场无疑是一个低端颠覆，但同时无人驾驶汽车市场也明显是个更大更值得争取的市场（我甚至觉得需要"all in"，被当作重新创业、重来一次的世纪性机遇）。所以对于处于乱战状态的单车出行市场，入股某家可能是个更好的选择。既然ofo的背后已经是滴滴的老投资人们在站队，那滴滴反而不妨逆向思维考虑下入股摩拜的可能性，未来如果需要的话再顺势来一招合并。这对滴滴来讲，也已经是驾轻就熟了。

　　衣食住行中一直都有最大的机会。出行市场的革命是之前5年到之后10年甚至更久，最大的主题性行业机遇。

　　1886年世界上诞生了第一辆汽车，到现在才过了100多年；1969年北京开通了第一条地铁线，到现在才过了50年；而我们似乎早已习惯了城市现在的模样，并且缺乏对城市未来的想象力。优步的第一辆无人驾驶汽车已经在匹兹堡上路，无人驾驶这件事要比我们所有人想象的都来得更快。用10年的维度来看，在两个周期内，出行领域的演进，会给我们的生活带来彻底的改变。

　　20年后，这个城市的面貌就会焕然一新。我为时刻身处变革之中，并且能作为变革的记录者之一，感到兴奋和幸福。

　　让我们共同拭目以待。

| 精选留言 |

李凌霄Lance：

是否考虑过用户对车辆美观程度的要求？200元+的车型，也就只能在校园里骑，如果ofo追求美观，势必会增加成本。与此同时，规模租赁经济很重要的是资产的追踪，GPS（全球定位系统）电池等都会成为ofo的负担，廉价扩张是否能够实现？

作者回复：

一个距离你100米的ofo和距离你300米的摩拜，假设它们现有的美观程度不变，你会多走200米就为了摩拜更好看吗？我觉得我个人是不会的，何况摩拜骑起来确实累一点。

刘惠红Lizy：

产业经济学的模型在脑子里面绕来绕去，无论是B2C还是C2C，在融资、价格战又或者规模战之后，最终回归的，还是根本价值（fundamental value）和相对稳定而又不断改进的商业模式。简单粗暴地说，就是找到一个引爆点。在这点上，爱彼迎做得还好。手机出行的确是完成了从发明到创新的转变，但是在各种战之后，更应该找到的是价值所在。抹去浮华，原本就是优化出租车资源的配置，原本就是无法替代公交的，原本就是存在超短途的利基市场（niche market）的，没有办法掌控做不好的部分，也不需要执着。

24 出行三部曲（二）：
为什么停车场将消失？

滴滴、优步的模式之殇

　　毫无疑问，滴滴、优步是O2O时代留存下来的硕果仅存而又伟大的几家公司之一，但是单就国内来说，神州、易到等追随者的拼杀还远未结束（似乎也看不到结束）。没有垄断就没有定价权，而这都源于滴滴、优步的模式之殇。

　　互联网市场的垄断一般是由技术壁垒或规模效应带来的。以实现基本的打车功能来说，打车类软件的技术壁垒不能算高，而规模效应倒是大家常常提到的点。滴滴是一个典型的双边商业平台，简单来讲就是乘客越多，司机就越多，司机越多，乘客反过来也会越多，两边都是上帝。

　　图24-1的运作方式，看起来是一个很标准的规模效应模型。但是，规模效应也可以拆分成供给端的规模效应和需求端的规模效应两种（比如脸书或微信就是需求端的规模效应，当用户达到足够的基数时，社交关系网络本身就发挥了神奇的作用，不断促进用户的增长和留存），而滴滴的这种规模效应与微信不同，更偏重于供给端的规模效应。

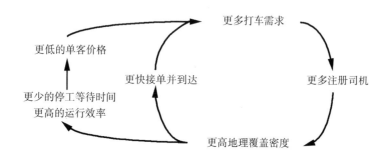

图24-1　规模效益模型

　　微信的用户端是错综复杂纠结在一起的，但对于滴滴的双边用户来讲，都是某一侧的一个人对应着对面侧的多个人的关系。即，车越多，我作为乘客被服务得就越开心；乘客越多，我作为司机接客赚钱赚得就越开心，但单边某一侧的用户之间却缺乏连接。

　　而且更重要的是，打车类软件的供给端规模效应是有极限阈值的，在那之后供给端规模越大，边际效应递减得越厉害。如Lyft（优步在美国本土的主要竞争者）的创始人所说，"我们这行是有一定的规模效应存在的，但到了一定的点也就没用了，一般这个点就是三分钟的从接单到抵达的时间限制"。（其实想起来，真的和不同银行ATM机的供给情况有些像。）

　　所以，只要一家公司愿意付出一定的成本（出行市场这么大，肯付出大成本的公司自然一直都会有），让司机端的供给水平维持在三分钟左右抵达时间的这个限制内，那么对于乘客来说就感知不到太大的服务差别。

　　这样的结果就是：用户在不同打车软件间的迁移成本低，变成了唯价格论，谁便宜就用谁。

所以到目前为止，都没有一家公司能够在这个市场中形成真正的
垄断。

无人驾驶倒逼滴滴造车

在2016年洛杉矶的一次活动上，Lyft的创始人曾以"The End of
Car Ownership"（汽车所有权的终结）为题进行演讲，当时通用汽车
的人就坐在台下，而之后，通用就宣布用5亿美元投资Lyft。

在之前，程维和柳青对外发言的时候提得最多的还是大数据，至
少在几年内滴滴要做的都会是智能化交通出行调度系统。但在后来一
次在贵阳举行的大数据产业峰会上，程维也开始说，滴滴"会推动网
络内电动汽车普及和投入无人驾驶的研究"，"希望改变未来汽车的拥
有方式"。

虽然时间可能会很漫长，但无人车总有普及的那一天。这个过程
中，改变的不只是人们购买汽车的类别和方式，更是拥有汽车的方式。
设想一下，当你可以以最低的成本、最简单的方式去叫到一辆无人驾
驶汽车的时候，你独自拥有一辆汽车还有多大意义？到那个时候，汽
车就真的变成了一种公共出行工具。

更何况据统计：

1.世界上所有汽车90%以上的时间都是闲置的；

2.哪怕没有无人驾驶，单单更便捷的打车服务已经让22%以上的
人延后或取消了购车计划；

3.世界上每年有上百万人在车祸中丧生，而自动驾驶可以避免车
祸（甚至避免堵车）。

那么，对于传统汽车厂商来说，为了存活下去，由商品售卖（车辆买卖）的商业模式转移到服务交易（打车服务）的商业模式就是一种必然。这个倒逼出来的趋势却因为上文中提到的打车软件的模式之殇给了传统车企一个很大的机会。

从"供给端的规模效应"来说，要达到合格的规模效应程度，只需要车企在一定的区域制造和投放足够的无人驾驶汽车即可（司机端运营和推广的难度瞬间消失了），而从最重要的"价格"的角度来讲，例如一辆从前售卖3万元的汽车，可以用1元钱1公里的方式赚回来10万元（这个服务价格甚至可以更低，却可能给车企带来更高的收入和利润），所以掌握了无人驾驶汽车制造技术和能力的传统车企就会在这个市场中极具竞争力。而对于滴滴或优步来说，司机资源变成了掌握在竞争对手当中的无人驾驶汽车，而除非自己能够制造出成本更低的无人驾驶汽车，否则不可能在服务价格上有更大的优势。失去了价格优势，也就意味着失去了客户。

所以，对于掌握了出行入口的滴滴类公司来说，为了持续辉煌并更上一层楼，自行造车几乎成了必然的选择，而如果滴滴可以熬过这一关，就必然会成为千亿美元级别，甚至更高价值的公司。如优步的CEO所说，他想做的事情就是"替换掉每一辆在路上行驶的汽车"，到那个时候才算是真正地"垄断"出行市场。

当然，到目前为止除了优步挖了一大帮CMU（美国卡耐基梅隆大学）的团队打算自己做这件事情，其他很多公司最终都可能用合作的方式来进行，比如除了上文提到的通用5亿美元投资Lyft，还有德国大众3亿美元投资Gett（欧洲版优步），苹果10亿美元投资滴滴（苹果目前公开的只有CarPlay车载服务，但你要说苹果未来不做无人车，反正我是不信的），丰田战略入股优步（具体金额没有公布，不知道战略合作的细节和程度会怎样）。

　　而在这方面，截至本文写作时滴滴还未有大的动作或明确表示，大家可以拭目以待。也或许，未来几十年你会在中国大地上看到无数辆"滴滴苹果"牌的无人驾驶小轿车了。

　　最后说两句题外话。图24-2中的这个人叫简·雅各布斯，2017年正好是她的100周年诞辰，她被称为20世纪对美国城市规划影响最深的人之一。

图24-2　简·雅各布斯

　　在20世纪中期，美国也曾大兴土木，改造旧城区，追求钢筋水泥，民众被迫大规模拆迁，这时候简·雅各布斯的著作《美国大城市的死与生》面世，这本书直接左右了美国城市规划的进程和风格，像美国的华盛顿广场就是因此而被保留下来的。

在这本书中，简·雅各布斯认为一个规划完好的社区应该是这样的：

1. 能具备多种主要功能；

2. 大多数街区应短小而便于向四处通行；

3. 住房应是不同年代和状况的建筑的混合；

4. 人口应比较稠密。

而当时主流的规划主张则是这样的：商业区与居民区分离，汽车比步行优先级高，拆掉旧房兴建新楼，减少人口使街道更开阔等。

所以就有了简·雅各布斯这个经典的问题：我们建设城市到底是为了汽车还是为了人？（Are we building cities for people or for cars？）

有时候，用极限法思考问题是件很有趣的事情。在科技圈，普遍认为无人汽车的商业化使用至少要在10~20年以后（美银美林集团预测，到2040年，43%的新车销售将是无人驾驶汽车），但是毋庸置疑，那天总会到来。而随着那天的临近，90%的汽车可能会消失，停车场的存在不再有意义，加油站、汽车保险等一系列公司和模式都将面临被颠覆。

创投从业者去赌遥远的变革（哪怕清晰）也是危险的，科技巨头的布局更多是防御性的，但从城市规划者的角度来说，最好能够提前几十年甚至更早就开始考虑和筹备。

城市的改变往往都伴随着交通工具和交通方式的改变而来，无人驾驶很可能是新一代城市和生活的开端。

25 出行三部曲（三）：
滴滴的唯一出路

在一场饭局上，正好有一个人来自滴滴，一个人来自美团，话题自然也就围绕两家近来的竞争展开。

滴滴的哥们儿说，我们本来做的就是路线调配，人是分散运动的，外卖点是固定的，我们能送人肯定也能送外卖。

美团的哥们儿说，我们本来做的就是路线调配，外卖最讲究时效性，多一分钟都不能等，我们能送外卖肯定也能送人。

全桌大笑，说怪不得你们两家能掐起来。

再后来就是大家都知道的，美团打车正式在上海上线，据说几天就攻下了三成市场份额。

这背后的问题归根结底就一句话：在规模效应有限的出行领域，滴滴这家公司到底有没有真正的壁垒？

有壁垒就能阻止对手攻击，从美团这件事看来，滴滴的壁垒似乎不高。

反过头来看，滴滴也确实不全是靠自己的壁垒发展起来的，有两次打到关键时刻都是同一个结果——合并，结果滴滴就变成了现在的滴滴。美团确实是"千团大战"里剩下的，中间只与大众点评合并过，更多应该还是为了沉淀数据。

所以，两家都是打硬仗的伟大公司。但不管有意还是无意，滴滴手里一直多了一根叫"资本"的拐杖。所以,后来大家就说滴滴是有规模优势,但天底下所谓的规模,说穿了不都是用钱堆起来的吗?

不巧,现在这个市场,缺流量,缺用户,缺创新,缺大饼,但就是不缺钱。

所以,滴滴这个模式的问题到底出在哪儿呢?我们从供给端和需求端分别来看下。

先看供给端。

滴滴当初花了那么多人力物力,手把手地教司机安装和使用打车软件,结果让司机学会了用多部手机,在多家平台接单,哪里赚钱多去哪里。

这样,在市场竞争初期看起来特别难的壁垒和优势,在后期可能就不复存在了。这真的是这个市场最残酷的地方,先发优势变成了教育市场,为他人作嫁衣。

所以我们讲,强调"first mover advantage"(先发优势)在巨头林立的市场中,有时候不一定比"last mover advantage"(后发优势)好。

我们发现,现在很多投资人认可的 SaaS(软件即服务)公司投资逻辑都从面向小客户,转变为了面向大客户。因为大家都发现,小客户的留存情况很差,可能是因为公司死掉了、没钱了、业务方向变了等。而大客户虽然一开始难啃,但一旦合作成功就是一纸合同,可能能吃三年。

所以,任何商业世界都一样,客户越小,越不稳定。而打车市场的客户已经小到了每个都是个人,于是供给和需求有了惊人的一致性,那就是"逐利"二字,结果就是对平台毫无忠诚度。

那为什么淘宝上也都是小商家，但看起来比较忠诚？

首先，客观事实是，目前确实有很多小的淘宝商家在外逃（到拼多多等平台）。

其次，淘宝做得好的地方就是把交易数据和信用体系打造得非常完美。所有淘宝上的商家开店后的目标都是先做到更高等级，因为那样能带来更多的客流。

而对司机来说，评价好坏影响的是司机与平台之间的关系，而非司机与乘客之间的主观选择关系，何况绝大多数司机得到的评价也不会相差过大。

这就又要讲到另一点，就是标准化产品带来的劣势。

滴滴是一个典型的标准化服务流程的产品，天下的车最多也就是分成快车和专车，司机是谁，车长啥样，都不重要。

这让滴滴能迅速规模化并且用相对比较轻的模式来运营。

但这同时，也让美团有机会直接替代供给端。

所以，滴滴的供给端相对来说是没有壁垒的（后文我会讲滴滴该怎么办）。

我们再来看需求端。

之前的太多文章都在讲滴滴的服务做得如何。在我看来，很多人分析这个事情犯得的一个错误是，高估了顾客的忠诚度。所以他们通篇去分析滴滴怎么让顾客不开心了。

但实际上，顾客就是这个商业模式中的一个单元而已，而这个单元的问题就是，越小的个体越没有忠诚度，越无法绑定。

服务好本身并不是壁垒，无法垄断。就好像海底捞的服务再好，也没有人天天都吃海底捞。

所以,用户就是认补贴,哪里省钱去哪里,哪怕你的服务再好也是一样。

那是否有解决办法呢?从需求端来说,滴滴之前的会员制、积分制、拼车、顺风车、社交元素等都没有做好,且从用户需求的完成上来说,滴滴确实本身也不像亚马逊那样能利用自建物流实现差异化,更不像一些视频平台能用 IP 留住人,所以还真的不好办。

所以我觉得,短期能从会员和积分制度上努努力(如果一个用了多年滴滴的白金卡用户,和第一天用滴滴的人并没服务或定价上的明显区别,那他当然也没动力留下),但想长期解决问题还是要靠供给侧的变化。

最后,不管是供给侧还是需求端,都有一个共同的问题,就是这个业务的地域特征太明显。

线下服务本身就是个地域化的市场,因为车牌的限制,打车服务尤其如此。

所以美团可以在南京先撩拨一下,再在上海猛攻一阵,说不定下次又跑去某个三线城市占个据点。真跟打游击战一样的话,滴滴应付起来估计要疲于奔命。

那讲完滴滴的问题,我们再说说为什么美团天生适合做这件事。

我们举个极端一点的例子你就明白了。

总有人问我,该不该出国留学?

我一般都说,你要知道留学是工具而不是目的,留学是为了让你能找到更好的、更适合自己的工作。那如果你现在就有这样的工作,或马上就能找到，那就别去了。

出行，就像留学一样。很少有人把出行本身当作目的，极少有人把每天出门坐3公里专车当作爱好。

大家的目的是：从一个目的地到另一个目的地。

而我相信这里的目的地绝大部分是公司、餐厅、超市或亲戚朋友家。

而这里面有一半（餐厅、超市等吃喝玩乐场所）本来就是属于美团的，这部分用户心智和流量也在美团。所以美团是天然适合做打车业务的。

这就好像说，滴滴是一家留学公司，把留学申请做到了极致。但美团出来了，对用户说："你不就是想去××公司工作吗？我帮你申请留学吧，你也别管去的学校咋样，反正最后我能把你弄进那个公司。"

这就是掌握了人、掌握了目的地场景，然后做中间的服务连接。

所以美团现在做打车，就和当初从做团购到做外卖的逻辑一样，一个是把吃的带到人旁边，一个是把人带到吃的地方。

而场景的重要性自然不言而喻，微信支付为什么能把支付宝市场份额侵蚀得那么厉害？就是两个字：场景。

于是，支付宝被逼着去做线下大布局，以至消费者到某些地方只能使用支付宝。但滴滴真的挺难的，总不能说你要到天安门，必须用滴滴打车才能通行吧？

这样长久下去，美团打车也许真的会一点点侵蚀滴滴的场景和用户习惯。

然后我们再讲，为什么美团可以低价做这件事。

美团做的是人和服务的连接，而滴滴做的是出行。对于美团来讲，出行是其服务中的一环，是被顺手做掉的，而对于滴滴来讲，出行是主营业务，是拿来赚钱的。

所以，美团可以用做平台的思路来做出行，而滴滴就要努力在其中牟利。

试想，对于行车 1 公里的一单，和行车 100 公里的一单，滴滴在背后所做的事情有任何区别吗？那为何滴滴对司机端要用总费用提成来收费呢？美团就可以都以成单的基础价格收费，也就等于把利返给供需两端。

这样，美团打滴滴到头来变成了一种合情合理的降维打击，而不只是补贴大战。

那滴滴该怎么办呢？目前滴滴的回应是，做外卖。这颇有围魏救赵的意思。

但这里有两个大问题。

第一个问题，单从商业模式的组成单元来说。

美团：商户 ≥ 外卖团队 ≥ 用户

滴滴：司机端 ≥ 用户

所以，美团用自己手中的用户和用户场景撬掉了司机端，这事情就成了。而滴滴虽然可以撬美团的外卖团队，却还缺少商户资源和用户场景。所以从这个角度来说，滴滴要做美团做的事情，更难。

第二个问题，美团做的是人和服务的连接，是横切市场，做出行是自然而然；滴滴做的是出行市场，是纵切，它做外卖的意义是什么呢？

我们假设滴滴的外卖做得和美团做打车一样好，但谁的好处更多？谁的杀伤力更大呢？

再进一步说，哪怕美团和滴滴最终和解了，这也不能解决我们最开始提到的滴滴本身存在的问题。滴滴仍然是一家以规模/资本勉强支撑起壁垒的公司，所以你看市场一乱起来，高德也做顺风车了，嘀嗒拼车也出来了，更别说一直有的神州、首汽或莫名冒出来的曹操专车等，滴滴就慌了。

所以，滴滴到底该怎么办呢？

我们已经讲过，在出行的整个服务流程里，司机控不住，乘客控不住，但还有一个东西是有可能控住的。

那就是：控车。

无论是短期的融资租赁，还是长期的无人驾驶，我相信只有控车一条路可以真正让滴滴的市值落地为安（甚至美团要继续做打车也是一样）。

在这个方面，我们看到滴滴已经做了一些布局。我相信美团的进入会让滴滴加速转型成为一家汽车产业链公司与无人驾驶技术公司，我也相信这对于滴滴来讲是件大好事。因为如果没有美团，未来滴滴不得不直接面对的可能就是一些汽车厂商，到那个时候局面会更难应对。

但控车毕竟是一个需要10年、20年才能完成的事情，在这个时间窗口内，就要看美团做出行的心有多坚决了。在这个移动互联网浪潮的收官阶段，能看到这样的市场战争，对我们这些看客来说，也是一大幸事。

26 按月订购和无人货架的本质

　　花加（flowerplus）、花点时间、衣二三、女神派等按月订购类型的公司都默默拿了很多钱，听说商业模式也都发展得不错。

　　其实按月订购这个事情，美国企业很早就开始做了，因为美国信用卡自动扣款功能实在是太适合这件事。

　　我总结了一下这个领域中美国的创业公司，发现大多是在2010—2011年成立的，而且有媒体报道说，现在美国已经有超过2000家各个类型的按月订购公司，而国内这类公司则大多是2014—2015年间成立的。

　　从模型来看，按月订购这个事情很好理解，我在《"早知道这些我的公司就不会死"系列（一）：CAC、LTV、PBP》这篇文章里就说过，公司最后看的其实就是CAC（用户获取成本）和LTV（用户终身价值）。

　　按月订购类型的公司，从理论上来说LTV应该是更高的。一次获取用户，多次重复购买，听起来是完全合理的商业模式。但以刚上市的Blue Apron为首，目前大多按月订购类的公司都遇到了以下三个问题：

　　1.CAC比想象中要高；

　　2.用户增长有瓶颈；

　　3.毛利低。

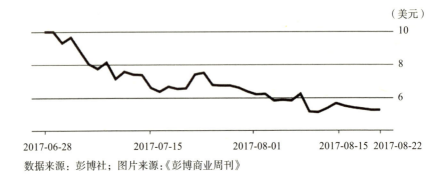

数据来源：彭博社；图片来源：《彭博商业周刊》

图26-1　Blue Apron 上市以来股价近腰斩

我们先来看第一点。

CAC 高其实要分几部分来看。

首先，很多公司发现个性化推荐的好处和坏处都很明显。定期的推荐中，如果有几次出现明显问题，就很容易激发用户的退订。（这就好像发公众号文章一样，如果一直不推送，大家反而会忘记取关。）而因此产生的流失问题，需要多次反复激活的成本，所以引起 CAC 的上升。

其次，也是为了老用户的留存，公司需要不断推出新的产品以及丰富库存，所以 Blue Apron 为了降低成本，后来已经减少了新菜品的推出。那我们假设把衣服的库存成本都算在 CAC 之内的话，我很好奇那几家衣服出租公司的未来数据会如何变化。

再次，为了获取更多用户，市场费用的边际成本递减，所以 CAC 也是不断上涨，这一点其实和我们提的第二点用户增长瓶颈直接相关。这反过来讲其实也是合理的。在新的大数据、人工智能时代，每个人都能找到自己专属的产品，这样要走覆盖大人群的道路就会越来越难。

所以，按月订购类型的产品（甚至其他很多产品），最终走的路线都会是围绕人群打造产品矩阵，而非围绕产品扩张人群矩阵。

也就是说，和某个特定人群建立起强关系的价值，要高于和更广泛的人群建立弱关系。在这个基础上，就可以围绕特定人群推出更多产品，丰富产品线，从而在 CAC 稳定的前提下不断拉升 LTV。比如 Dollar Shave Club，从最早的剃须刀，到现在被联合利华收购后，已经在售卖数十款不同种类的 SKU（保存库存控制的最小可用单位）产品。（更多关于 Dollar Shave Club 及消费品投资逻辑可见本书收录文章：《一个价值10亿美元的互联网消费品牌是怎样炼成的》）

最后，毛利低。这其实也是很多公司遇到的问题，就是哪怕通过线上按月订购的方式切入市场，但由于很多领域本身就是发展成熟的行业和市场，要做高毛利还是一件有挑战的事情。

所以总的来说，按月订购做的事情是：通过低毛利的优质单品，深度捆绑特定人群，通过按月订购的模式，增加用户被动消费行为，并且逐渐围绕用户群推出更多高毛利 SKU，从而增加 LTV。

那为什么说按月订购和无人货架在本质上是一样的呢？因为这两者都是通过"懒惰"这个点切入，一个是照顾到用户精神上的懒惰，一个是照顾到用户肉体上的懒惰。

按月订购在精神上离用户更近，是在尽力避免用户做出过多次单独的购买决策，尽力辅助用户购买更多 SKU 产品。而无人货架是从物理位置上离用户更近，把产品本身变成了广告，让人每天都能在办公场景中看到更多 SKU 产品，从而产生购买冲动。

两者最终的极致目标都是一个：无限趋近用户，占领用户心智，从而帮用户决定买什么。

但这里还有一个问题，什么是一个合适的度？也就是说，离用户多近，才是从成本到收益上都最高效的行为。

比如按月订购，应该一天一次、一周一次，还是一个月一次？比如无人货架，是一个办公室四个角落各放一个、一个办公室放一个，还是一个办公楼放一个？

这个答案目前还是未知的，也因此才有了各种模式的公司涌现。

甚至说远点，很多东西最后都会落脚到距离的问题上。比如从电视到电脑，再到手机，其实是屏幕越来越小，但离人越来越近的一个过程。而iPad（苹果平板电脑）之所以没有那么成功，可能就是因为那个产品形态并不是最高效的。

所以理论上来说，再往后AR（增强现实）眼镜应该是下一个计算平台，如果非要再往后说的话，那就是高智能电子隐形眼镜，而再往后就只能是直接在脑子里放芯片了。

| 精选留言 |

Kerben.S：

对于达达来说，员工只做了一件事。对于曲总说的项目，确实一个人干了好多类型的事，对接不同工种，会不会顾此失彼呢？如果影响了一部分商家的利益，谁来承担损失？

作者回复：

对，你说的是重点，也是这个项目的最大问题所在。

27 "充电宝"的 24 字投资法则

听说智能化无线充电设备"小电"估值 10 亿元了。

虽然我是第一个公开"鼓吹"充电宝这个事情的，但没想到市场真的就这么起来了。

"42 章经"曾经和数十个投资人与从业者讨论了关于充电宝及其他类似业态的产品。（这些人包括来电创始人，参与了来电本轮投资的红点中国周韬略，刚投了小电的元璟资本陈洪亮，投资了河马充电的 Vertex 赵楠，刚拿到了险峰投资的小宝充电创始人韩迪，看了很多家却还未出手的 XVC 胡博予等。）聊到最后，我发现这个事情其实说简单也简单。总结起来就是 24 字投资法则：三种业态、两种逻辑、一条底线、渠道为王、多家共存、新的分众。

三种业态

1. 以小电为首的桌面派；
2. 以街电为首的小机柜派；
3. 以来电为首的大机柜派。

现在市面上数十家充电宝公司，都逃不过这三派。

其中，小机柜派处于弱势地位。因为从场景来看小机柜会直接被桌面派侵蚀，从机型来看则会直接被大机柜派侵蚀，其本身的业务逻辑也比较中庸，且腹背受敌。

而桌面派在资本市场中最强势，口碑较好；大机柜派则次之，究其根本是因为我们要说的第二点，两种逻辑。

两种逻辑

投资大机柜派的逻辑是：

1.大型场景有壁垒，可以签约独家渠道协议；

2.大机柜有技术壁垒和各种专利；

3.大机柜在大流量下的单点是效率最高的；

4.大机柜的屏幕想象空间更大；

5.最后一点也是最重要的一点，大机柜是可移动的共享充电宝场景，随之而来是押金/信用体系和网络效应，这是和共享单车类似的故事和场景。（相比之下，桌面派充电宝根本不是租赁或共享经济，而是基础设施服务提供商了。）

投资桌面派的逻辑是：

1.桌面的可布置数量更大，天花板更高。假设北京有10万家餐饮商铺，每家布置10台，最终渗透率能达到10%的话，就是10万台；

2.桌面派的单个布置成本更低（一台100元左右，对比大机柜的一台1万元左右），更容易形成规模；

3.桌面的充电线能主动激发人的充电需求，而不需要用户被动地寻找使用场景，因此转化率更高、使用频次也更高；

4.可供广告展现的数量更多，要比大机柜多一个甚至几个数量级，对广告主更有吸引力；

5.作为餐饮桌面上的餐牌有可能直接切入点餐系统、会员系统等。

一条底线

几乎所有的投资机构，都提到了一条投资的底线，就是这一定是个回本周期快且赚钱的事情。目前不论哪一派，据说几乎都可以在1~6个月内回本，且现金流都是正向的。

的确是个好生意，这就是投资这类业态的那条底线。

渠道为王

据说，早年某个自动贩卖机业态的公司进驻天津的时候，机场一个机位每月要2 000元，后来因为越来越多的类似产品要进驻，同样位置的价格涨到了每月5 000元、8 000元甚至更高。这一方面说明了恶性竞争的恶果，另一方面说明了渠道才是最重要，也是最赚钱的。谁能以更快的速度谈下来更多的渠道，谁就能发展得更快。

所以，其实要我说，早年电商起来，最该投的就是各种快递；后来O2O起来，最该投的就是各种物流（从达达到闪送到各种同城物流等），而现在如果哪家创业公司能够整合线下渠道，那我首先自己就想出钱投资了。

多家共存

充电宝这个事情，尤其是桌面派，像前文中提到的，从目前来看其实就是个基础设施提供方，这就代表了其没有互联网惯有的特性。

没有技术壁垒、没有品牌优势、没有网络效应、罕有规模效应，最终的结果就是无法垄断，多家共存。

假设一个桌面终端的成本是 100 元（实际甚至更低），那么任何一家融资达到千万元规模的公司，都能铺出去 10 万台，都很可能跨过日单上万这个门槛。所以，除非是要大打补贴和渠道竞争，把市场搞浑，弄到两败俱伤，不然最后很可能是有多家各安一隅的局面。哪怕真的发生渠道竞争，毕竟这个市场够大，全国可铺的点数以百万计。所以，这个市场和单车市场不同，最终可能真的是相对分散的几家。

想必这也是险峰敢于布局小宝充电，Vertex 和梅花敢于布局河马充电的原因。只要能从第二梯队跑出来，未来也仍然有机会。

新的分众

线上流量越来越贵，这是个不争的事实。越来越多的资本和创业者开始把目光聚焦在线下流量上。

共享单车是一种，充电宝是另一种。这些都是低成本获取线下流量的方式。

无论哪一家充电宝铺设到足够多的量以后，都很可能成为新时代的分众，所以这个模式下，我一直关心着另外四家公司的应对，这四家公司分别是分众、美团、友宝和二维火。尤其对于二维火来说，我觉得这简直就是飞来横祸。(不过,从美团开始尝试打车业务以来,我就更敬畏互联网和更心疼"程维"了。)

最后,我想再说一点,如果把任何一次互联网发展分成三个阶段,那一定是建构、应用、运营。建构的是基础设施,是技术的活;寻找应用场景,是产品的活;各种运营,自然是运营的活。

我最早入行互联网是看了一本书,叫《人人都是产品经理》。这本书是 2010 年出版的,但没想到过去了几年,好像这个概念已经不流行了。

我最近听说越来越多的投资人开始要孵化项目,就是因为创造性的东西少了,而通过资本和运营推动的项目多了。这是一个有意思的趋势。这也代表,充电宝类的项目,只是一个时代的分水岭,未来我们可能会看到更多。、

注:张雨忻对此文亦有贡献。

| 精选留言 |

huayi:

腾讯作为本次领投之一,又为其线下支付领域拿下一城。可通过与小程序和微信支付联动,成为稳赚不赔的买卖。相较之下,这么高估值的 A 轮进来的 VC 机构到底是怎么想的呢?

侨疯 | Joephon:

线上流量越来越贵,源自一开始很便宜。线下流量本来就不便宜,各种成本摊开来未必就比线上便宜。再加上这是一种新玩法,想尝试太

难。我觉得，连接线下，本质就是资本驱动加线下实体对线上的反攻。互联网真的已经走到传统行业的春天了。20 年的线上耕耘，可以说是为线下搭起了连接线上的基础云梯。单点爆发已经一去不返了吗？

George魏：

且不说光源充电技术在 2016 年就已经在实验室进行无数次成功测试了，共享充电宝这个项目怎么会火，到现在都不敢相信……就像共享KTV一样，无非两个原因：一是沾了"共享"这个时髦的概念词吸引用户的成本会降低；二是资本市场又出现了大量的闲散资金冗余。互联网的下半场乱象横生，做个概念，炒作融资，价值高估，抛售套现……背后滋养了一帮鬼，世前虚荣了一片人。

28 今日头条的发家
与困局

其实 BAT 三家公司早就大而不倒了。对它们来说，最大的挑战就是"系统性风险"，而技术的更新迭代就是其中最可见的一种。

从 PC 端到移动端的演变过程中，阿里电商场景转移到移动端是最顺利的，腾讯旗下诞生了微信，是最幸运的，而百度则是最倒霉的。

移动端对于搜索引擎来说，就是直接的颠覆。

当初百度曾一度靠收购 91 助手买到了移动浪潮中的最后一张船票。现在有很多人都觉得当初百度收购 91 助手是个错误，但我倒觉得未必。我曾经问过豌豆荚的创始人王俊煜，一开始想做的是什么，他说：一开始想做的就是内容分发，应用分发只是其中的一部分。

百度做的事情一直都是内容分发，购买 91 助手想必也是一样的想法，所以不能说就是错的。只是殊不知最后最接近移动领域内容分发的公司，并不是做分发起家的 91 助手，而是当初名不见经传的新闻客户端"今日头条"。

在这里百度想错了什么呢？

李彦宏在之前的一封公开信中曾经给出过一些答案，他说：

1.某种意义上讲，我们未来的搜索从索引关键词的引擎，可能会逐步过渡到索引知识的引擎。

2.我们现在非常重视的信息流产品。过去传统的搜索是人在找信息，现在要逐渐演进到信息找人。

这两点正好对应着可能威胁百度的两家公司：第一点说的是知乎，第二点说的就是今日头条。91助手和百度一样，都是主动推荐型的分发方式，是人找信息。而头条则更接近信息找人，是更适应移动端形式的入口级产品。

百度刚起来的时候要做入口，绑定的是各种浏览器。在移动互联网时代，对用户来说，打开手机就是打开了浏览器，所以相对应的，今日头条做的是 App 预装。通过这种方式，张一鸣在流量红利期给今日头条带来了大量的初始用户。

而今日头条这种内容工具型产品的好处就是：首先，用户不需要过多类似的新闻工具；其次，用户每天都会对新闻和内容感兴趣，所以黏性还算比较高。那么，最早的时候，为什么百度没有意识到今日头条的价值和威胁呢？大概因为百度一直享受着搜索引擎中的垄断位置。

用户使用搜索引擎的场景是带着问题主动寻找答案，这就带来了极高的用户转化结果和变现效率。而今日头条的场景是用户被推荐内容，问题和答案都是被动激发的。这样的好处是用户可以被激发一些自身都不明确的需求，而坏处是转化率会比搜索引擎低很多。

所以，今日头条要做的就是，尽量延长用户的在线时长，来增加被动激发的机会。

那么，在相当长的一段时间内，百度确实都不会被今日头条直接影响到。因为人们但凡有了明确的需求，还是会到百度进行搜索。

但是，随着今日头条的发展，其出现了以下势头：

1.用户量和用户在线时长飞速上涨，体量惊人；

2.机器学习和分发让信息匹配更准确；

3.信息流式的内容，给了广告主更多的空间。

所以，越来越多的广告主开始在今日头条投放广告。而我们之前就说过，广告投入占社会 GDP 的总比例是基本恒定的，所以被动推荐的今日头条还是抢占了主动寻找需求的百度的广告收入。

于是，百度终于开始反击了。

从2017年开始，内容分发和信息流产品变成了百度的重点产品。（据说被高价收购的"李叫兽"在加入百度之前，就是在给百度做信息流广告的相关研究。）百度首页上有了信息流新闻，也就是有了类似头条的被动激发，也能增加用户在线时长。同理，微博也开始尝试把一些用户的首页显示，从好友更新改为了热门搜索，也是一样的信息流产品。

不得不说，信息流产品是当代互联网人的一大发明。

一个产品和用户接触的点越多，就越容易和用户产生各种类型的互动关系。信息流产品就是这样，每一条信息都是一次单独的互动机会。

曾任职百度商业分析部的朱时雨在其《时间的刻度》这篇文章中说：

> 新闻类和社交类平台，以Newsfeed（新闻推送）构建了信息消费的最小颗粒，带来的一个好处是让用户在无感知中把时间的刻度做了细化。上一条内容和下一条内容是相互独立的，用户每

阅读一条新的 feed（推送），是一次媒体时间上的消费重启。这样一来，切割出了充分的时间留白，留给平台介入进来夹带"私活儿"的机会也自然多了（商业留白），Ad load（广告承载量）这个调节器才能发挥作用。从这个角度来看，除了媒体时长外，对视频来说，人均浏览次数更值得关注，对社交和新闻平台来说，人均 feed 条数更有价值。

幸运的是，时间颗粒度太粗的平台，也未必全是缺点，如果面临广告潜力瓶颈，只要总的人均媒体时长是有价值的，自然有其他的商业途径。如果人均媒体时长是可观的，时间消费是高质量的，用户是一种高卷入度（involvement）的状态，平台往往就具备了和这群高卷入度用户议价的能力，用户付费是另一条路径。这样一来，本质上就走向游戏业务的逻辑，这也正是爱奇艺这类平台正在做的事情（其用户付费收入在2017年已超过其年收入额的三分之一）。

但同时，用户对熟人信息流中杂质的忍耐度最低，所以微信朋友圈要做广告是最难的，而用户对媒体信息流的忍耐度最高，所以今日头条天然是个对广告主很友好的产品。

那么在各大巨头都围剿今日头条的当下，它遇到的问题是什么呢？

微博 CEO 王高飞在某次电话会议里说的话正中要害：

第一，相对于纯信息流产品，微博有社交关系上的优势。微博的信息流已经完成从纯时间流到关系流再到兴趣流的转变，而兴趣流就是基于降低新用户使用门槛和提高中高频用户的使用时长为目标的。（意思是，今日头条你不要总讲机器学习和分发有多好，所有的信息流产品都可以做类似的事情，而且微博就已经在做了。）

第二，纯信息流产品的问题在于没有以内容生产者为中心的社交关系，用户无法有效留存。（意思是，我们微博有社交关系在，留存率高，而且可以加入机器学习，但今日头条想反向行之就不是这么简单了。）

第三，他还提了一个很有意思的观点：中国的手机用户普遍会在12个月左右换一次手机，纯信息流产品多半需要重新获取一遍用户。（我觉得这一点正中要害。我们之前讲，今日头条起家的一部分功劳是预装手机 App。那想想看，如果你现在新换了一部手机，你会最先重新安装的 App 是什么？应该是微信吧。社交关系是最强的留存。）

但对于今日头条这类工具型产品来说，就陷入了和百度、腾讯、阿里等巨头的持久战中，长此以往总会非常不舒服。

所以，为什么今日头条后来开始做头条问答、微头条等各种社交的尝试呢？相信也是不得已而为之。

社交产品确实不是能预判或设计出来的。所以头条内部孵化了诸如内涵段子、抖音等很多产品，而外部也投资了很多初创公司，算是挺好的思路。

总的来看，今日头条新闻产品本身还是流量生态，这在和巨头的争斗中，必然还是有很大的压力。而以抖音为首的视频产品，目前看有脱颖而出的可能性。至于社交属性能不能补齐，就看命了。

精选留言

沈翊：

这也是为什么今日头条难以生产出原生的头部自媒体人，因为作为推荐产品，本质上仍然和搜索一样依旧是信息获取的工具，用户只在意信息本身而不在意内容生产者是谁。

作者回复：

这点讲得有意思。

龙哥：

今日头条强加社交会跟支付宝强加社交结果一样，另外头条投资其他公司应该对自身没有很大帮助，因为这改变不了它的产品的本质。

作者回复：

头条不需要改变自己产品的本质。投资和孵化是解决"支付宝强加社交"问题的一种最好的方式。

29 微信之战百度，
擒头条

　　人站的位置不一样，看到的世界可能也是完全不同的。

　　DST 的创始人尤里·米尔纳（Yuri Milner）应该是世界范围内最机智的投资人。《财经》杂志的《共享单车：资本局中局》这篇文章中曾经写道，脸书曾经想投资 ofo，但 DST 的创始人尤里·米尔纳坚定地劝说 ofo 董事会不要同意。"脸书全球最大的竞争对手实际上是腾讯，而脸书短期内不会进入中国。"

　　我在《心疼"程维"》这篇文章中曾经提到过，每一代硬件平台背后，都会出现一个超级应用。这个超级应用因为网络效应的存在，能够成为硬件平台之上的软件霸主，绑定绝大多数用户，从而达到近乎硬件平台一样的地位。

　　在英文世界里，这个超级应用就是脸书，而在中文世界里，这个应用就是微信。这两者都是凌驾于 iOS 系统与安卓系统之上的、真正属于智能手机时代的霸主。

　　根据腾讯 2017 年 5 月公开发布的财报，微信的月活用户已经达到了 9.38 亿。与其说微信可能成为移动互联网的入口，不如说微信几乎已经变成了移动互联网本身。

　　未来，很可能大多数事物都是围绕微信存在，而百度、阿里巴巴都有很大的潜在风险（社交关系和场景是所有产品最大的王牌，看支付宝的市场份额被抢得有多惨就知道了）。

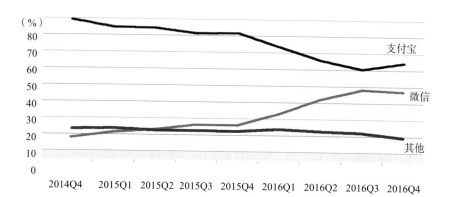

图29-1　2014年以来，我国支付市场的市场份额变化曲线

再放眼国际，就像尤里所看到的，未来脸书和腾讯也必有一战。

其实，脸书是信息流的社区型产品，产品的包容性更强，而微信目前还是以通信功能为主，所有的纯工具产品从赢利的角度来看，都是想象空间极低的（大多只能靠广告位赚钱）。

从这点来看，脸书的产品优势要大很多，所以脸书本身就是市值超过腾讯的霸主（95%的收入来自广告），而微信自身却没太强的赢利能力，腾讯还是要靠游戏来赚钱。

大家都知道微信好，但到底怎么把这种"好"转化为账面的切实回报呢？对于一家上市公司来说，相信这也是一直悬在腾讯头上的问题。

微信作为通信工具的好处是，用户黏性极强，脸书作为社区产品则是通过投资和收购WhatsApp、Instagram等产品来补足了这块劣势。但社区这块的产品属性，微信目前只能靠自身来补足。

回头来看，张小龙的每一步走位其实都是向着这个方向努力的：

1.先把聊天工具做到完美，通过腾讯已有的优势占领用户，让用户之间建立关系；

2.然后开放朋友圈，让用户可以发放和消费UGC（用户原创内容）；

3.再开始做公众号生态，引入各种媒体和公司等，为平台增加PGC（专业生产内容）。

所以相对应的，现在微信用户的行为就是：

1.聊天通信；

2.发布和消费UGC内容；

3.转发和消费PGC内容。

其实这样的用户场景看起来已经很接近脸书的社区形态，那么为什么脸书的广告收入能够那么高，而微信却很难有收入呢？

我在《今日头条的发家与困局》这篇文章中提到，Newsfeed信息流产品是21世纪最伟大的产品发明之一。而信息流产品分两大门派，一种是今日头条一样的算法推荐，一种是朋友圈一样的社交推荐。

算法推荐给用户的感觉是第三方推荐的结果，是网站决定我看什么；而社交推荐就是关注关系之下朋友转发的结果，是我自己决定看什么。

现在，基本所有的社交推荐都在向算法推荐融合，比如部分用户的微博首页换成了热点页，而不再是好友动态；比如豆瓣和知乎很早前的主页逻辑更新就是把纯关注关系，变为了"关注＋系统算法推荐"，这些最终都让用户的信息流达到"社交＋算法推荐"的混合结果。

而反过来，算法之上要想加入社交则是无中生有，难上加难，所以我上面那篇文章中提到的"今日头条的困局"指的就是缺少社交关系这点。

那么，为什么今日头条和百度能从广告里赚大钱，知乎和豆瓣却异常艰难？为什么这些社交属性的信息流平台都要向算法推荐的路上转移？

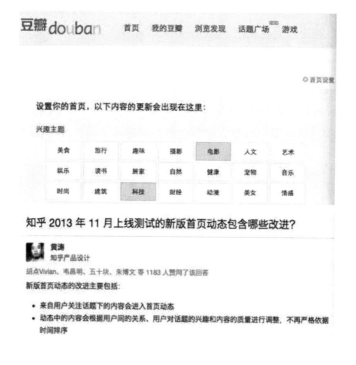

图29-2　豆瓣与知乎改版后的基于兴趣的信息流

因为信息流广告要做的就是：

1."让用户看到什么"要掌握在公司的手中，而不是用户之间的关注关系；

2.要在不引起用户反感的前提下，把尽可能多的广告放到信息流中；

3.广告越接近原生内容、越贴近用户需求越好。

要满足以上这些，就是要靠客观的算法推荐。（如果用户完全自己能决定能看到什么，又怎么插入广告呢？）

社交推荐中，用户之前的社交关系越强、用户的私人领地意识越强，做广告的难度就越大。如果说某个社区里用户的主人翁意识太强，并且有鲜明和主流的价值观，从社区氛围来看是好事，但做广告和变现的难度反而就更大。

这也是为什么当初豆瓣只要改版就会引起用户的谩骂，而知乎稍微有些变现尝试就会引起用户反感的原因。

微信生态，只会比豆瓣、知乎更极端。

朋友圈是用户的私人领地，且完全是社交推荐的内容，所以用户的容忍度非常低，要做广告非常难。朋友圈广告试验了那么久，做到了有趣又克制，估计最后还是觉得有损用户体验，所以没有大规模推广。

而机器推荐做广告就容易很多，像头条和微博这种阅读和媒体属性强的产品，目前好像基本都是7条左右内容就夹杂一条广告，用户本身的使用行为和期待就是刷内容，所以遇到广告也是一刷而过，不会有太多抵触情绪。

所以，微信如果要像脸书一样赢利，就要引入算法推荐机制，而朋友圈产品做得太极致，很难变成社交和算法混合推荐的产品，那么留给微信的选择只有一个，就是单独再做一个算法推荐的产品功能。

于是，就有了这次微信新版本中的"看一看"。

这个产品功能一方面是起到了类似"头条"型产品的价值，让用户永远有内容可刷，能够成为用户获取多样化信息的入口之一，另一方面是让微信产品本身有更多赢利的可能性。

图29-3　微信"看一看"

对于所有信息流平台来说，"看一看"这类产品都是必须补足的，所以这是微信必须要走的一步，也是微博、百度等产品必须要做（而且正在发力）的事情，今日头条只是恰好站在了这个战略要地上，所以在未来一段时间都会防御得比较辛苦。

其实"看一看"功能上等同于之前的搜索入口下的"朋友圈热文",只是把入口位置单独提了出来。比这个功能更值得说的,就是微信更新的"搜一搜"。

图29-4 微信"搜一搜"

为什么说"搜一搜"比"看一看"更值得讲?因为"搜一搜"表面看起来和本来就有的"搜索"功能一致,但其实有了巨大的突破,主要表现就是加入了微信以外内容的搜索结果。

比如,搜索"感冒"可以看到搜狗百科的内容、知乎的内容;搜"姚明"则引向了"腾讯新闻""网易体育""搜狐新闻"等的内容。

这其实才是最可怕的地方,基本上这就是要正面针对百度了。

我们开头就说过,微信现在可以说就是移动互联网本身。那么微信内部要再造一个百度量级的互联网内容入口出来到底有多难?

百度的搜索结果每页都是10条,就经验来说,前2~3页的搜索结果一般可以满足绝大多数用户的需求，10 页之后的内容的存在价值就衰减得非常厉害，20 页之后的内容基本就没有人看了。所以，只要某个主题之下能够有 20~30 条优质内容，100~200 条的总内容，就能够大致模拟出整体互联网的效果。

在很少人继续做网站（甚至是 App）的今天，微信体系内的超过 1200 万个公众号所生产的内容，是否能满足我们上面所说的效果呢？

我觉得至少满足 80% 是可以的。这样，再加上其他外部内容的补充，真正发力后的微信搜索，长此以往一定是可以和百度抗衡的。（记得我们开头说的黏性和场景的重要性吗？也许未来有一天，在微信内搜索也会变得像用微信支付一样，更加自然。）

所以，我们可以把每一个公众号都想象成一个网站，每一篇文章都想象成一个网页，而且这里的网站和网页，从内容形式到广告形式等都是严格按照微信自身规则而来的。

结果就是，腾讯之于移动互联网的掌控力，比百度当年之于 PC 互联网不知道强了多少。

再者，头部的公众号文章都是经过专业编辑的梳理和总结的，是天然带有知识结构属性的搜索结果。

现在，微信通过"搜一搜"和"看一看"，完全有能力做到李彦宏在 2017 年年初的内部演讲中提到的两条——索引知识的引擎和让信息找人。（参见《知乎的野心与终局》）

图 29-5 是我搜索的"王者荣耀怎么玩"的结果，出乎意料的是目前微信的搜索结果就已经明显优于百度，甚至知乎的搜索结果都要比百度的强。大家一定要仔细看一下，感受一下未来结构化的知

识搜索的威力。

最后，"搜一搜"未来完全可以开通更多独有的功能，腾讯过去几年所做的投资布局，在这一刻都有了更多的合理性。从分答、知乎到美团点评，或是京东等（这里其实也隐含了李彦宏所说的"连接服务"），都能通过搜索这个入口，有机地结合起来。

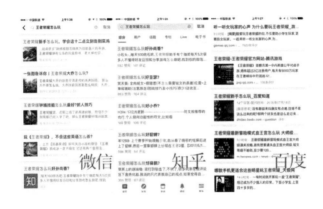

图29-5 "王者荣耀怎么玩"的搜索结果对比

讲了这么多，还剩下最后一个问题要回答。

对于微信来说，不管是做头条类的阅读内容，还是做百度类的移动端搜索，其实一直都是摆在台面上的选择。那为什么直到今天还是在"实验"之中呢？

我觉得唯一的问题是担心产品过重和冗赘。

我在《社交三部曲（二）：解密Snapchat》这篇文章中就写过：如果有一天打开微信就意味着缓慢的加载、复杂的功能等，这个时候我很可能会开始把最常联系的人慢慢转移到新的平台，渐渐地就形成了关系链的迁移。这在我看来是新的社交产品挑战微信的唯二可能之一。另一个可能则是新的硬件平台的出现，彻底颠覆手机这个通信工具（最有可能是 AR，但那也许要 5~10 年后，届时微信和今天的百度一样，也有一个难关要闯）。

所以，简单来说就是，社交产品死于复杂冗余，死于缓慢沉重。张小龙的克制，确实给了微信长久的生命力。

加上了"今日头条"，加上了"百度"以后的微信，会不会过重？如果还要在其中加入视频这个维度，想起来就觉得很可怕。

这个问题我猜大概一直是张小龙最大的困扰，而微信未来到底会怎么做也没人知道。我们目前唯一知道的只有这些：对于微信来说，"看一看""搜一搜"虽然目前还只存在于"实验室"模块中。但只要迈出了这一步，就相当于正面向百度宣战了。既然宣战了，那后面就要紧跟着快步跟上，不然就相当于打草惊蛇。

腾讯刚刚 18 岁，如果我们用马云所说的 102 年这个时间维度去猜想和预测一家公司，腾讯未来的发展空间真是无比巨大。

而微信现在在做的事情，其实是自证身份，是尽力去迎合大家的预期，最终，微信之于腾讯，不应该低于蚂蚁金服之于阿里的地位。

如果最终，和脸书类比的仍然是腾讯，而不是微信的话，这就是腾讯和微信最大的失败。

注：2017 年 4 月 25 日，根据各大媒体报道，腾讯旗下微信事业群进行调整，此次架构调整中，微信事业群下成立"搜索应用部"。

| 精选留言 |

Winona：

认真地加一条读后感：大卫·贝尔（David Bell）在新书Location Is (Still) Everything中提出了"search friction"（搜寻摩擦）一词，且"we keep searching for additional information until the expected costs of searching exceed the expected gains"（我们持续搜寻更多信息直到搜寻的预期成本超过预期所获）。微信的"搜一搜"则给用户提供了低成本的信息搜索平台。

智鹏：

UGS（用户生产服务）才是微信区别于其他App的最大特征，是微信最有想象力的地方。还有未来的微信可能是因人而异的，你如何使用和配置它，是可以随你个性定制的。

30 其实王兴和贝佐斯是同一类人

朋友曾给我发来了王兴在清华大学一次演讲的全文，看完以后我总觉得他的很多观点都让我想到亚马逊的创始人杰夫·贝佐斯。

国内有很多优秀的企业家专门研究过贝佐斯，我不知道王兴有没有做过类似的事情。但我隐约觉得王兴和贝佐斯是同一类人，而我们可以从他们身上学到很多东西，尤其是跟思考相关的。

我一直特别佩服贝佐斯，但最直接的原因并不是他创办的亚马逊这家公司有多厉害，而是他每年发出来的股东信最后，都会附上 1997 年发出的第一封信，到 2017 年正好 20 年。

王兴 2017 年年中的时候说过，他过去一年里作为管理者最大的进步是，"更加有意识地思考长期问题"。而贝佐斯所做的就是在向世人不断地证明：你看，我一直在践行 20 年前写下来的东西，并且到目前为止都还非常正确。

这实在是太厉害了。

作为一个创业者，每天都要接触大量信息，有太多抉择要做，思考长期问题是一个理论上绝对正确的事情，但实际执行起来，真的太难。

这其实也是我自己很惶恐的事情，比如知识付费，对很多公司来说都是能赚钱的好东西，但是忙来忙去，这一两年过去了以后呢？再比如一级市场，未来到底是百家争鸣，还是寡头垄断、市场越来越集中？

如果跳出短期利益的放大镜视角，这些放眼未来5~10年甚至更久的问题，可能才是决定一家公司最终天花板的事情。

这就好像上学一样，忙过了小学、初中、高中，再忙四年终于大学毕业，回首过去时间过得飞快，每年都很忙碌，但最后就突然发现自己不知道要做什么了。经营企业也一样，太多眼前的机会，每一个都要从头学习和实践，都要"all in"（全部投入），而长远要做什么到底想清楚没有呢？

贝佐斯在第一封股东信中就写过："It's all about the long term."（一切事关长远。）所以，他做的一切事情都是围绕长期价值展开的，而这种价值直接来自我们巩固并拓展自身目前市场领导地位的能力。也就是说，选择一条足够好的赛道，并且不断地在这条赛道上奔跑，努力把第二名甩得更远。

王兴在对话中做了类似的表达，他说："我们对整个产业发展有一个判断，对一个公司也好，对一个产业也好，基本上价值取决于客户数乘以平均客户价值，即 $A \times B$ 的算式，如果你希望获得新的增长，业绩获得翻倍的话，要么客户数翻倍，要么平均客户价值翻倍。"

所以，王兴想了一年的时间，想出来美团的目标：让人们吃得更好，活得更好。吃得更好也就算了，这个活得更好，就是个千秋万代的大业了。

在我们团队内部讨论的时候，有人提出了一个观点，他说未来世界上可能会最终仅存四家公司，分别占领四个赛道。这四个赛道分别是：人与信息连接、人与人连接、人与商品连接和人与服务连接。这是一个比较极端的推理，但背后的道理是讲得通的。过去是供给为王，所以要去除垄断很简单，把一家公司拆分一下，同时出来几家有供给能力的公司就好了。但现在这个时代是需求为王，总不能颁布一个法律，让用户订粤菜一定要去一个平台，订江浙菜就去另一个平台。所以从某种意义上来说，这个时代里垄断才是正常的，才是符合用户需求的。

而这几条赛道的发展，也是随着结构化的难易度而变化的：

1.信息的结构化程度最高，所以发展得最早也最好；

2.商品中标品其次，所以有了淘宝和京东，而非标品更次之，所以有了一些垂直品类，也有了现在很多人在关注的二手电商等；

3.人是非常复杂且难以结构化的，所以会不断有各种社交平台和垂直平台出现；

4.美团所在的连接服务无疑是最难、最不性感的一条，是要一点点打江山的一条赛道。

而一旦梳理到这样的维度，你就知道美团为什么会做电影、外卖、打车等，这就好像谷歌搜索文字以后还要搜图片、音频、视频一样，只要是连接信息的事情谷歌都会做，而只要是连接服务，美团也要做。但这么做下去，什么时候是个头呢？过个10年、20年，美团是不是还真的要和滴滴、爱彼迎（Airbnb）决出个胜负呢？

王兴之前接受《财经》杂志采访的时候，就说过竞合才是新常态，商战没有终局。在这次的演讲里，他又引用了一句柏拉图的名言，更形象地表达了这个观点：

"Only the dead have seen the end of war."（只有死人才见过战争的

终局。）

这就好像贝佐斯过去20年间强调的，亚马逊一直处于"Day 1"（第1天）的状态，永远是创业第1天。这句话他强调了20年，以至有员工特意跑去问他：那"Day 2"（第2天）到底是什么样？或者换句话说，什么时候才是个头？

贝佐斯在2016年的股东信里正式回复了这个问题，他说："Day 1"状态的公司充满活力，持续关注用户需求，不断进化，可以获得持续的成长；"Day 2"状态的公司停滞不前，会逐渐变得无关紧要，经历着痛苦的衰退，最终迎接死亡。

也就是说，别想了，永远都是创业第1天，没有享福的日子。这就是创业，这就是事业。

最后，回过头来看美团的发展，基本就是过去几年中国互联网发展的缩影。为什么这么说呢？

美团从借鉴Groupon（美国知名团购网站）的商业模式，到跳出Groupon的路走出自己的创新，始终围绕用户做文章。最终Groupon倒下了，美团起来了。这就像这几年的中国互联网，从最早被持续诟病的"Copy to China"（中国式抄袭），到现在大家都在研究中国式创新。

我始终认为大多数崛起的企业都带有原罪，而重点是发展过后的经营状况。就像早年被骂抄袭骂得最惨的腾讯，现在就名副其实地挑起了中国互联网产品创新的大旗。

那为什么是美团做起来了呢？从纯商业的角度分析如下。

1.从团购切入，和商家一起砸了很多钱后真的把用户习惯"砸"出来了，现在应该很少有人上美团是为了看看今天身边打折最狠的东西是什么了。

2.从餐饮切入，到后来做外卖，把最高频的服务拿在了手里，在生活服务领域，高频打低频就是真理。

3.从信息切入，服务做得越来越重，真正做到了连接人与服务，而不是在人与信息的层面和传统巨头比拼。世界上的路没有捷径，吃的苦越多，壁垒也越高。

4.为什么美国的 O2O 服务都发展得不好，而美团可以发展得很好？除了国内本身基础设施和服务落后等原因，我觉得还有很重要的一点，就是中国的人力成本结构机遇。

过去20年里，有两条主线伴随着中国经济的发展，一条是房地产，另一条是互联网。

房地产是压在中产阶层身上的一座山，因为买房的人很多是降维打击，在过去几十年间大量的人通过各种机遇赚到了第一桶金，但一线城市的房子就只有那么多，所以靠传统工资体系赚钱的中产阶层在买房上会有压力。（这也告诉我们，要用降维的思路，去找那些供给短缺但可能被垄断的资源去投资；同时，也要用升维的思路，去想身边有什么东西是必需品，是供给有限但目前因为各种原因没有被人留意的。比如，自行车的闸片就是这样一种东西，供给短缺又是刚需，之前却没什么人在意。）

但另一方面，中产阶层又享受着更底层的进城务工人员的低廉劳动服务，这就让很多人赚着发达国家的钱，享受着发展中国家的人力服务成本，这也让国内的 O2O 发展得更好。

之前在研究消费升级的时候，就有人提过，把中国当作一个整体说消费升级是不对的。一线城市、二三线城市和四五线城市，根本就是处于完全不同发展水平的"国家"。

所以，最后我们用长远的方式去思考问题，连接人与服务的美团，随着国内人力成本的不断上升，最后大概也是要走上布局无人设备这条路的，就像在做无人仓储的亚马逊一样。

注：季文仪对本文亦有贡献。

| 精选留言 |

Eric Sun孙钊：

是的。2012年我在华兴帮王兴写C轮融资计划书时，王兴就反复和我说，要把美团比作亚马逊，不是Groupon。

31 给共享经济判个死刑

一次参加活动，听到了一句话，突然就把互联网世界目前在发生的事情串起来了。

这句话是，优步的愿景是"让出行在任何地方，对任何人都像自来水一样可靠。"（Uber's mission statement is "make transportation as reliable as running water, everywhere, for everyone."）

优步把其所在做的出行领域比作了水、电、网络一样基础的东西。想象一下：只要打开水龙头，永远会有自来水出来；只要打开优步，永远能叫到你需要的车。

这就是现在整个互联网世界和资本都在做的事情：套用线上世界的发展规律，用资本把线下世界逐渐转化为类线上的无处不在的连接和服务。

其实对于互联网世界来说，一直做的就是一件事"distribution"（分配），也就是渠道和分发。结束了线上，开始了线下。所以无数的新零售项目做的是占领渠道，无数的单车做的是连接用户。

所以线下开始出现订阅制和月购产品，也出现了共享经济，这些都能从线上的产品和服务中找到影子。

说白了，都是一样的套路。

我在《世界上竟然有一张在发行后还不断更新的唱片？》这篇文

章里曾经提出三个预判：

　　1.一切非物质消耗品都将电子化；

　　2.一切电子化产品都将云端化；

　　3.一切云端化产品都将服务化。

　　当时举的例子就是音乐卡带，最终变成了订阅制的一首一首歌曲的更新。

　　现在，基于线下业态的发展，我觉得需要再补充两条：

　　1.一切非标产品/服务都将向标准品属性趋同；

　　2.一切实体产品都会向电子产品属性趋同。

　　最终因为线下整体基础设施的发展，实体商品和服务会无线趋近于线上。这会是所有服务商渠道的努力目标，因为只有如此渠道才能发挥更大的作用。

　　回头来看，其实美国人早就看清了这件事情。在美国，从来没人提类似O2O的概念，与之最接近的概念是"On Demand Economy"，然后被我们翻译成了"按需经济"。这简直是我见过的最差的翻译了。

　　按需经济强调的是需求，把重点放在了"demand"上，但其实，这个词的重点是"on"这个单词，是一个动态的表示。

　　"on demand"用英文解释就是"as soon as or whenever requirde"，即随时随地满足需求，重点在于及时性。这就像优步说的，让线下的实体商品或服务，都变得像自来水一样可靠。

　　基于此，共享经济也是一个伪命题。

　　我记得之前研究这个领域的时候，有一个给我印象比较深的项目叫"回家吃饭"。我觉得这是一个特别有人情味的典型的共享经济项目，我特别喜欢。但我找平台上的很多阿姨聊天后，发现她们的供给能力完全不足以支撑平台的需求量。

于是，我最后给这类项目下了一个预判性结论，就是最后公司还是要用中央厨房的形式，把一些人变成专业的厨师来经营。但真这样做的话，就又和平台本身的价值和出发点矛盾了，所以我最终没有在这条赛道上继续看下去。

像这个项目一样，如果我们管纯 C2C 平台叫共享经济的话，那事实上是共享经济发展得并不好，甚至已经不剩什么了。最具代表性的爱彼迎里也有大量的专业小 B（中小企业）商家，滴滴里也绝大多数都是专业司机在运营。不得不说，很多时候 C2C 的共享经济，其实是在开倒车。所谓的 C2C 共享，最终都还是要走上 B2C 的路径，这是供给上追求效率最优化的必然结果。

那么我们是不是可以把标准放宽一些？不如把商品/服务的所有权转变为使用权的，就都叫作共享经济？比如 B2C 形式的租赁经济，是不是也能算？

这样定义的话，滴滴、ofo、摩拜倒是都算了，但网吧、酒店为什么不算共享经济？

我认真想了想发现，其实只要是会动的东西，大家就觉得是可移动资产，就会觉得是共享的，而只要是不动的，大家就会倾向于觉得是固定资产，是基础设施。于是，无人便利店、迷你 KTV 等就被大家划归到了新零售赛道，而没人再提共享经济了。而动的东西都有个结果，就是有及时性，能随时随地满足需求。所以，其实现在大家提共享经济的时候，在讲的还是"on demand"这件事，还是强调"随时随地"这个概念。

在选定"on demand"这个概念后，在其背后还有一层意思，就是根据"demand"提供"access"，也就是接触某种产品或服务的途径。

所谓的租赁、二手交易、无人货架、按月订购，无一例外都是提升"access"能力的一种方式。这个"access"越好，人们就越不需要拥有某种东西。毕竟大多时候，你拥有某个东西，也就是为了能在需要的时候随时随地使用它。比如共享单车，当你随时随地出门都能看到共享单车的时候，就没有了拥有一辆车的意义，因为"access"太好了。

所以，所谓的共享经济、C2C 其实早就不复存在了，我们大可抛弃共享经济的概念，给它判个死刑，让它和 O2O 一起老去。

未来，我们更多地站在"on demand"和提供"access"的角度去考虑。用"on demand economy"来解释和判断项目机会，省得把自己绕到概念的死胡同里去。

最后，基于我们上面所讲的内容，给大家分享一个也许对寻找创业机会有帮助的坐标系。

这是山姆·马登（Sam Madden）发在 YC 的文章中的一张图（见图31-1）。及时性下单（instant booking）需求越强，平台的作用越大；供给端的能力门槛（least skilled）越低，产品越标准，平台的供给越足。

所以右下角是最适合平台型机会的，也是"on demand"平台发展得最好的，而左上角是最不适合平台型机会的。

而现在创业者们需要做的是尽量把右上角这个象限的东西做到右下角，在满足及时性需求的前提下，去尽量标注化产品和供给，比如通过AI（人工智能）等方式去达成（AI 和教育或医疗的结合就是典型）。

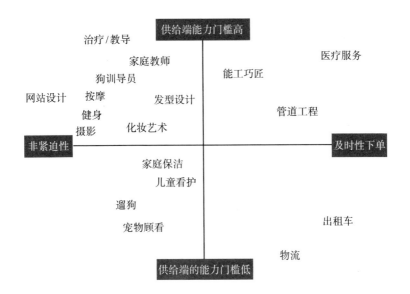

图31-1 山姆·马登的坐标系

| 精选留言 |

戴俊星:

新增加两点的第一点觉得值得商榷,因为从大方向上说这不符合需求
的发展规律。电商都从标准化首页发展成千人千面了,只能说一开始
的实现方式会是尽力标准化,降低供给端的复杂度和门槛,但最终还
是要看谁能低成本和高效率地实现满足多样化需求的供给,这样商业
效率才能最大化。

作者回复：

标品和SKU数量多其实不矛盾，SKU多了就能实现个性化。用京东上的电器产品举例，SKU再多，也都是标准品。大概是这个逻辑。

拓荒牛JACKGAO2.5：

说到底就是，美团和滴滴，从淘宝变成天猫。是不是这个意思？而摩拜单车的话，是跳过了淘宝模式，直接做的是京东模式。说到底不管是平台还是自营，都在B2C化。因为只有B2C，才能带来专业化、标准化的服务。C2C，仅仅是一个过渡期。

作者回复：

对，你总结得好。

32 复盘无人零售的 三点心得

先讲一点八卦。

一个无人值守类型的共享/新零售项目——不是无人便利店或货架，而是一个新的品类——还在很早期的阶段，据坊间传言估值已经到了 6 000 万美元。因为品类很奇葩，所以行为也都议论比较多，但想约也都约不上创始人了。

讲这个事情主要是为了引出我对无人值守类项目的一些想法，也算是对整个赛道做一个复盘。为什么这个项目这么火？下一个类似的品类会出现在哪里呢？

现在大家提到无人值守业态，首先想到的可能就是迷你KTV、无人便利店之类的项目，但其实ofo和摩拜可以说是这类项目大规模流行的导火索，而在此之前友宝和天使之橙也已经做了很多年。

ofo和摩拜当初发展顺利的时候，有几个原因是大家都有所总结的，我在《出行市场大混战》等文章中也提到过一些：

1.移动支付的兴起为这类业态的崛起做了最基础的铺垫；

2.移动互联网的位置属性特点，让共享单车能从有桩变成无桩，大大降低了使用门槛，提升了用户体验，达到了用户愿意使用的临界点；

3.产品本身就是广告，一方面只要摆上街，有人的地方就有可能被使用，另一方面自行车本身具备潮汐效应，会被用户自发带到各个地方；

4.客单价低、押金高、现金流好，具备批量扩张能力；

5.一级市场中好的资产短缺，且线上流量红利消失，资本押注线下头部项目。

在ofo、摩拜之后，按照同样的逻辑，大家开始寻找类似的标的，正好因为各种因素（尤其是移动支付）的积累，无人值守业态到了一个爆发期，于是就出现了各种类型的项目。像我在《近年来的5个小风口》这篇文章中，就把诸如迷你KTV、咖啡机、共享充电宝这类项目统称为解构传统设施。但回头看，这类项目在开始的时候都不如单车顺利，因为上面提到的单车的优势中，有很重要的两点是这些项目基本都不具备的：第一，所有的这些东西基本都是有桩的形态，不能达到无桩单车一样的最佳使用体验；第二，这些东西几乎都不具备潮汐效应。而其中有的项目还缺第三点，比如迷你KTV，成本价过万元的机器，就不能说是"客单价低，易大范围批量扩张"的品类。

那在这个基础之上，为什么在共享单车之后，下一个风口是共享充电宝呢？而且为什么拿到最多投资的是小电这类模式，而非其他呢？

我在《"充电宝"的24字投资法则》中提到过一些基本的逻辑，结合上面所讲的，其中一点原因是，充电宝客单价低，回本周期快，是大众刚需型产品，最符合类共享单车的标准。

那么，潮汐效应和无桩问题怎么解决呢？这就是复盘要提的第一个心得：当资本密集、竞争激烈、市场成为红海的时候，客单价低的产品形态，最终都会达到一定的数量阈值。也就是说产品数量过多，以至于位置如何、有桩无桩、潮汐效应等都已经不是问题。试想，现在还有谁会使用摩拜的地图去寻找或者预约单车？这种场景已经被高密度的单车数量消灭了。

所以，既然充电宝是有桩的，这个问题解决不了，那就直接用数量来解决。所以，客单价最低的，最容易铺量的桌面式充电宝是最火的。

当时很多人说，看好桌面式是因为其转化率最高，放在眼前用户就会想使用，其实从根本上来说就是当数量多到一定程度以后，充电宝对于用户来说就变成了"无桩"和最强"潮汐效应"的产品形态。

无处不在的自行车，无处不在的充电宝，此时有桩和无桩都无关紧要了。

但，我们继续复盘，为什么现在共享充电宝似乎没有共享单车发展得好？我认为本质上来说不是用户需求是否真的存在等问题，而是我们把这些业态对标共享单车的时候，忽略了一个很重要的点。这就是我们复盘要提的第二个心得：共享单车是 B2C，其他线下业态都是 B2B2C（企业对企业对消费者）。

共享单车项目中只要生产完车辆，就可以直接投放到街上，接下来就是 C 端用户直接使用。而其他所有的线下业态，都涉及渠道，也就是这个中间的 B 端。一个是直接投放，一个是得经过业务推广，中间多了利益相关方 B，后者的整个商业模式的难度就上了一个量级。在大多时候，这个需要业务推广多出来的 B 端就作为收地租的渠道存在，而对于充电宝来说，这个 B 端还涉及很多服务和指引。在这个商业模式下，一开始没有一家公司是按照 B2B2C 的模式来设计商业模式和分成方式的，也就没有一家是真的能快速发展的。所以，我相信共享充电宝要发展起来，重点之一还是解决渠道激励的问题。

那再讲回来，如果是迷你KTV、无人便利店等重资本的业务呢？目前看来，加盟制可能是一个必经之路。也许最后大家会发现，加盟制对品牌有伤害或对服务水平有很高要求，但到目前为止，都是需要试错的坎。

为什么我在无人便利店的几种业态里，不看好特别重的模式，而更看好无人货架或是类似友宝2.0版本的产品形态呢？也是因为以上的原因，这也是我这复盘的最后一点心得：无人业态的发展重点在于占领渠道、迅速扩量。简单直接好过花哨的概念。

在B2B2C的模式中，中间的B是最重要的，那么如何最快速高效地横扫渠道，就是对于所有无人业态项目来说最重要的点。

谁有能力快速扩张，谁就能占领渠道，谁就能赢得优质资本的青睐，也就能正向循环最终成为品类第一，得到最多的线下流量。

所以，经过复盘的三点心得，可以得出一个无人业态的理想创业、投资选择：

1.客单价，或者说布置成本越低越好。如果涉及供应链等后端服务，也一样，成本越低越好；

2.产品本身有场景，可以满足B2B2C中渠道和客户双边需求，渠道难度越低越好；

3.如果是重资本项目，在尽量满足以上几点的前提下，需要有极好的加盟模式和管理能力；

4.对于创业者来说，满足了以上几点之后，还有一点就是在资本市场里卡位的融资能力。

希望上面这些复盘和总结，能够对这个领域的创投人有一点点的帮助。现在再回头看，如果你听过开头所提的那个据传估值6 000万美元的项目，也许会觉得这个项目有一定的合理性了？

最后，我想说，如果你是一个在有钱的大机构里做投资的人，这个时代是优待你的，在当今的市场下，机构本身就在一个项目最终的成功中起了极大的作用。

| 精选留言 |

阿溥（Amy）：

每次思考无人××的项目，总会悲哀地想到，最后可能都是给收租子的打工。共享单车是B2C，但最大的变量就会来自政府，单车用的是公地，自然由政府来管。其他共享的项目，无非就是跟餐馆、商场、小区物业等各种渠道打交道，铺货的过程跟早年团购地推类似，越接近租赁的业态难度越高。这么想想，真是个悲剧。但换个角度想，各种共享项目实质上并没有推动整个社会生产力/生产效率的变化，所以无法逃脱固有商业模式的盘剥，也正常。

33 一个价值 10 亿美元的互联网消费品牌是怎样炼成的

仅 2014 年一年，宝洁就投入了 20 亿美元在产品研发上，100 亿美元在广告投放上，并且通过超强的渠道把控，让拥有超过 100 个自有品牌的品牌矩阵占据了绝大多数消费者的货架视线。

在过去几十年间，这就是所有传统快消品牌屡试不爽的制胜法宝：

1.重金投入研发；

2.重金投入广告；

3.重金投入渠道。

没了。就是用这种碾轧式的策略，宝洁在 1960 年到 2010 年间，销售额几乎每 10 年翻一倍，到 2017 年市值已经超过 2 000 亿美元。

在资本和渠道为主要壁垒的行业中，为什么说当下会是互联网品牌的机遇？这其实就是我经常说的：要完全把握机遇，首先要能回答"Why Now？"这个问题。

1.有一部分产品或服务被过度开发了

电视由传统厚重型发展到轻薄，到 3D，到弯曲，到各种技术成像的屏幕等，到底是为了要满足用户需求而产生的变化，还是因为市场竞争需要差异化，或甚至，只是因为公司内部的 KPI？

宝洁在中国曾经有近 200 个品牌的商品，但其中不足 100 个商品占据了其 90% 以上的销售额和利润，那么其他品牌的商品是过度开发，还是错误定位？

再比如，被宝洁以570亿美元收购的吉列剃须刀从一刀头逐渐创新演进到了五刀头，但其实五刀头的作用就是"刮一次相当于五次"，也就是说每个用户要多花很多倍的钱，来代替一个非常简单的手工可以完成的动作。最终，用户们发现，好像三刀头就已经足够了，所以五刀头的吉列系列销量不佳。这就是一个过度利用"创新"的例子。

2.广告平台的迁移

传统快消品牌超过一半的广告投放预算都用在电视媒体上，而用在新兴媒体上的预算只有个位数，这明显是和大势不符的。

社交网站已经成为年轻人获取信息的主要渠道，而电商平台也已经成为某些快消品的主要销售渠道（根据贝恩咨询的研究报告，10%的护肤品、11%的彩妆、21%的婴儿奶粉、34%的纸尿裤的销量都已经来源于电商渠道）。

2016年，宝洁从视频广告和展示广告中挪出了10%的预算，放到了社交网站和电商平台渠道上。我相信这只是一系列转变的开始。

3.线下渠道的自限性

地理空间是有限的、高成本的，而互联网上的位置是无限的、近乎免费的。

传统快消品牌需要付出非常高的渠道成本，把少量的主打品牌放到最好的货架位置上。而最致命的是，产品和货架是死的，它们并不知道下一个进入商店的人会是谁，也无法做出相应的改变。如果我们把货架当作一种展示广告的话，这种广告匹配是单向的输出，无法收集用户反馈信息，且匹配效率简直低得惊人。

而线上渠道的传播性强、对用户有感知，基于各种用户数据和反馈，线上位置的无限性的终极表现形式反而是少量而精准的动态推荐。品牌商不需要把100个商品挤到一个货架上，也不需要把10 000个商品放到网上供人随意浏览、挑选，而是要在不同的时刻，针对不同的客户，推荐几款最适合他的商品，让每个人都有一个私人专属货架。

基于以上问题，加上全球经济环境的影响，宝洁在2015年交出了这样一份答卷：全线业务下滑。

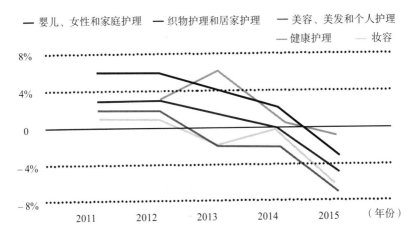

图33-1　宝洁各部门收入的同比增幅（2011—2015年）

而宝洁目前的应对策略则是，削减广告开支，提高产品售价。不得不说这只能是权宜之计，且可能落入一种恶性循环之中。

反观线上快消品牌，一个典型案例是刚刚被联合利华以10亿美元价格收购的Dollar Shave Club（简称DSC）。

DSC成立于2012年，一开始推出的是按月订购剃须刀的业务。男性用户可以用每个月3美元的价格享受剃须刀快递上门的服务，这不仅方便，还比线下品牌的价格低了很多。

而针对传统品牌的三大优势，DSC的切入点是：

1. 研发方面：DSC深信剃须刀市场被过度开发，其实用户们只想要一个足够好用的便宜的剃须刀；

2. 广告方面：DSC在刚推出的时候便主要依托于YouTube、脸书等平台传播，在YouTube上的一则视频广告被浏览了超过2 300万次，哪怕只有1%的转化，也可能带来了23万用户之多；

3. 渠道方面：DSC完全依靠线上渠道，和每个用户产生直接的一对一订单、配送关系。

而这三者反过来，又带来极低的研发、市场、品牌、渠道投入，从而降低了公司整体成本，最终也反映在极低的产品售价上。

图33-2是DSC创始人在A轮融资的商业计划书中总结的制胜公式：便宜的价格乘便利性，再在品牌的作用下，获得指数级的加成。这个公式其实适用于绝大多数领域，如果一个新产品比原有解决方案更优且更便宜，那么引爆市场的可能性就非常大，而如果服务质量能一直保持，就有可能延展出品牌效应，比如优步类服务的崛起就是一个典型案例。

一开始，绝大多数人都把DSC当作一个按月订购的电商网站来看，但发展至今，大家才慢慢看清，其实DSC要做的是线上快消品牌，它瞄准的是男士的个人护理市场。

价格便宜、质量保证、服务方便，这些点都是为了在客户心中建立品牌形象，而按月订购则很好地绑定了用户黏性。所以在剃须刀之后，DSC又陆续推出了剃须膏、护发系列、护肤系列等产品。看到这里，就不奇怪为什么联合利华会以10亿美元的价格收购DSC了，DSC就是在建造一个线上的快消品牌帝国，并且慢慢实现了其最早的愿景。

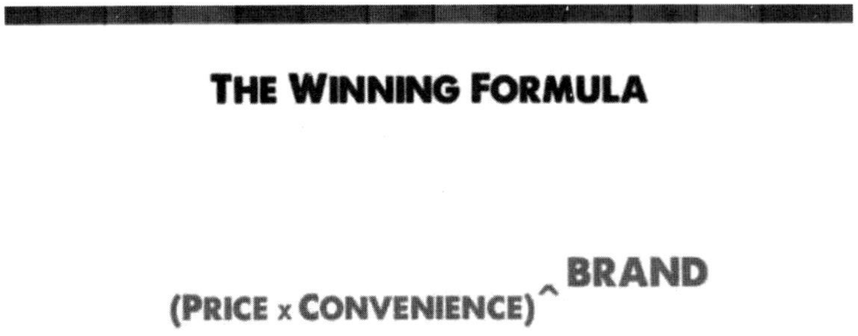

THE WINNING FORMULA

$$(PRICE \times CONVENIENCE)^{BRAND}$$

图33-2　DSC的制胜公式

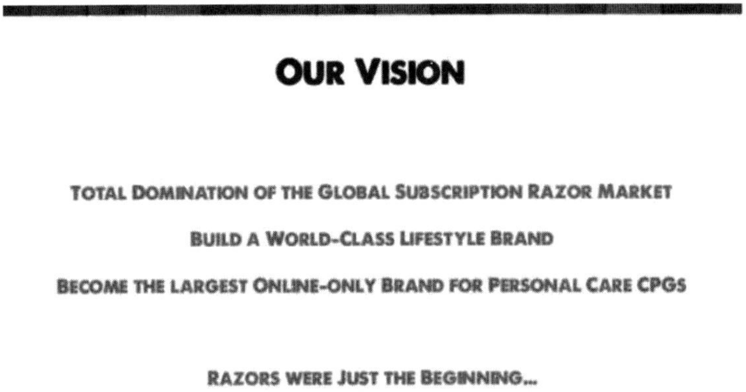

OUR VISION

TOTAL DOMINATION OF THE GLOBAL SUBSCRIPTION RAZOR MARKET

BUILD A WORLD-CLASS LIFESTYLE BRAND

BECOME THE LARGEST ONLINE-ONLY BRAND FOR PERSONAL CARE CPGS

RAZORS WERE JUST THE BEGINNING...

图33-3　A轮融资时DSC的企业愿景

当然，当时大多投资人哪怕听到CEO自己讲述未来的规划也多半不敢相信，因为DSC被资本市场认可主要有四道坎，而A轮时候的它才勉强迈过了第一道坎而已：

1.验证剃须刀按月订购服务的市场空间，即付费会员的增加速度和潜在总量；

2.验证付费会员的留存率，即服务能力、品牌忠诚度及顾客终身价值所带来的赢利性；

3.验证公司本身的后端供应链服务能力及基本的研发和扩品类能力；

4.验证现有会员对新品类的接受度，即公司横向的平台扩展能力。

而当时在没人看好DSC的时候，大卫·帕克曼（David Pakman）连续领投了其A轮和B轮两轮融资（如果要形容他的两次领投，分别是"非同寻常""大胆和幸运"），对于投资DSC的原因（同样适用于其他互联网消费领域），他总结的以下几点洞察我觉得非常有趣：

1.选择高毛利的、具有高度差异化的产品；

2.选择零和市场（如果客户在你这里购买，就说明他不在其他地方购买，这样才有潜在的垄断性，并且更容易产生客户黏性和忠诚度。在服装等领域就完全不是这样）；

3.选择那些目前主要通过线下渠道售卖的领域，并且这些厂家和客户之间没有直接的沟通和联系；

4.选择目前过于依靠传统广告渠道投放的领域；

5.选择主要竞争对手（多半是传统快消品牌）的老板是职业经理人而不是创始人的领域，因为职业经理人一般少有勇气抛弃既得利益而去拥抱创新；

6.选择随着数据和机器学习能力提高，产品或服务也能随之变好的领域。

我相信DSC的成功有很多特殊因素，但我也相信这只是一个开始。线上消费品牌要复制宝洁的故事，形成千亿美元市值的可能性也许很小，但形成10亿美元市值的机会应该还有很多。就好像Craigslist（美国某大型免费分类广告网站）被肢解的故事一样，未来也许宝洁会成为第二个Craigslist。

图33-4　已经被肢解的Craigslist

图33-5　正在被肢解的宝洁

| 精选留言 |

BILL：

楼主写得非常不错。DSC开始做数字营销时，YouTube和脸书起
到很大作用。但是数字广告会有收益递减的趋势，DSC在线下也投
入大量资金，洛杉矶的一家叫"Oxford Road"的线下广告代理为
它投放了大量电视、广播广告。文章中也写到，社交媒体上年龄在
20~35岁的年轻人比较多，剃须刀的用户范围比这个要广，不少人
是接触了广播和电视广告才去购买了DSC。就像文章中写的，这种
线下广告投放很贵，并且要顾忌不少政策性的东西，还有就是受众群
体比较难衡量。线下广告的作用还是不可以被忽略的，根据产品属性、
目标受众，还有产品生命周期，不同阶段公司应采取不同的策略。

阿威：

漏了一个极其重要的关键，在此提醒下。宝洁为什么不溢价收购
DSC或竞争商业模式？因为这背后一个亘古不变的"垄断者的窘
境"：宝洁的股东绝不会允许其收购或模仿DSC可怜的15%份额从
而拱手让出宝洁现有的吉列刀片所占据的70%以上市场份额——这
才是DSC模式真正的破坏精髓。而这里的深意才是创业创新者们面
对巨头永远有机会的原因所在。

34 2017 年的 5 个 小风口[①]

所有的投资机遇都是随着外部环境的变化而来的，就我理解，从底层来看，目前市面上有三大投资主题。

第一个是移动互联网技术带来的投资主题，在移动互联网出现 10 年后，这个主题已经进入后半段。目前在这个切换的节点上，后半段的投资节奏让很多人难以适应，大家就开始开发其他主题。

于是，就有了第二个主题——人群和消费能力等变化带来的消费升级与文娱等传统领域的投资主题。这个主题过去一直在，未来也会一直在，和互联网等技术也没有那么大的关系。由于外部环境的变化没有那么剧烈，所以虽然有投资标的，但不能和第一个主题当初的节奏和幅度相提并论。

再于是，另外的一些投资机构就开始寻找第三主题，一个理想中可以媲美第一主题的事情，结果很多人就找到了"AI"。我始终觉得 AI 目前过热，而且时机还是有点早，并且最大的问题是 AI 现阶段的

① 这篇文章写的是 20117 年的几个风口，现在回头看，里面有的还是热点，有的已经碰到了天花板，但总的来说，都有不错的估值和出路。讲风口不是鼓励大家追风口，而是尝试从商业逻辑的角度，去观察市场的变化是否有规律可循。通过这种思维方式和分析结构，我们都可以努力从每一个所谓的风口之中，去寻找它成形的原因，并通过不断地总结历史，培养对未来预判的能力。带着这种眼光，再看一次我当时的分析，相信每个人又会有不同的感知。

技术和应用场景对于创业公司来说不是那么友好。

所以，今天不提 AI，只从前两个投资主题来看当下被 VC 追捧的 5 个公司，及其所代表的 5 种投资方向。

喜茶、奈雪的茶、1点点奶茶

以喜茶为首的线下奶茶店最近很火。喜茶2017年线下门店超过 50 家，2016年拿到了 IDG 领投的超过 1 亿元的 A 轮融资，当然，这个项目本质上应该是PE（私募股权）逻辑的一笔投资。

在这里，我仅以喜茶为例，来谈一下我对于消费升级的理解。创投圈里说消费升级说了至少有一年了，但到现在我都找不到消费升级的真正定义。网易严选是消费升级？乐纯酸奶是消费升级？喝奶茶、去便利店都是消费升级？到底什么是消费升级？

目前我认为，消费升级有两大重点：

第一，如果把所有商品或服务的价值分为"使用价值"和其他"附加价值"，那么消费升级的第一个核心，是客户愿意花更多的钱，换取商品或服务更多的附加价值。这里所说的附加价值可能有很多种，比如体验、氛围、品牌、便利性等。人们的可支配收入越多，附加价值的获取成本就相对越低。比如同样是比萨，同样是解决温饱问题，人们就愿意花更多的钱去某家体验更好的、品牌更好的地方吃。

第二，真正有钱的人，本来就在享受最好的，无所谓升级；真正的穷人一直在生存边缘挣扎，也始终无法实现消费升级。所以，消费升级主要针对的是崛起的中产阶层。

而且这不只是因为一个阶层崛起，更是因为"90后"这个年龄段的人开始进入收入增长期，即进入中产阶层。因为消费行为不只是和可支配资产相关，更是与消费习惯和成长环境相关。

这批中产阶层人群的特点是精神层次先达到了更先进的水平，但物质水平难以支撑。所以，目前的消费升级其实是满足了中间态的奢侈，即轻奢。

举一个例子。我们假设以前市面上只有两种咖啡，一种是3元一杯的只有使用价值的咖啡，好喝指数是5分（满分10分），还有一种是30元一杯的，好喝指数是 9 分的咖啡。那么消费升级版本的咖啡是什么？其实是10元一杯的好喝指数是8分的咖啡。

就是说，目前市面上出现了一种中间态的产品，价格轻微上涨，附加价值显著上涨，给了精神追求高、物质水平还跟不上的中产阶层一个选择。这个选择就是轻奢，这个结果就是消费升级。

那为什么轻奢能做到这点呢？因为 30 元一杯的咖啡的定价中很大一部分是品牌溢价，那么新兴品牌就有机会把更多成本放在产品本身上，并且以更低的价格来售卖了。

所以，消费升级的本质是草根向高富帅迈进的中间一步。

正如喜茶的定位一样：产品好看又好喝，空间体验对标星巴克，且重点是产品均价却更低。

便利蜂

便利店，首先提供的应该是便利性，互联网上的购物场景更多是不讲便利性、时效性，也不讲冲动消费的，但便利店恰好相反，结果就是互联网生态对便利店的影响几乎可以忽略不计。

所以，随着人们对于时间成本的重视和新鲜事物的追求等，便利店业态无疑会继续发展，但要达到类似互联网行业的增速和想象空间，还是一个太难的事情。庄辰超的便利蜂给整个便利店市场带了一大波节奏，但我想了很久，仍然觉得便利店就是便利店，要说能被互联网或技术革新多少，是件很难的事情。

移动互联网刚出现的时候，大家都在 PC 互联网上加移动的因素，后来有人提出"Mobile First"（移动优先）的概念，意思就是抛弃传统互联网的思维，去找真正扎根于移动互联网的机会，这里典型的产品就是 Snapchat。

那么在移动互联网的后半段，我觉得大家也可以提出一个概念，叫"Offline First"（线下原生），不要再去移动互联网里找能加传统行业的东西，而是反过来在传统行业里找能加移动互联网的东西。

比如共享单车就是其中最好的例子，线下服务的便利性、时效性、体验性等都是互联网本身难以满足的，从这个地方入手去创新也许会有不一样的惊喜，比如我们后面要提到的这一系列产品。

友唱、咖啡零点吧、超级猩猩、五个橙子……

我们整个社会的分工都是在逐渐分拆、细化的，每一个属性的工作都可能被单独提出来成为一个底层服务基础，比如以前开公司都要招足够多的员工负责所有的事情，现在则有专门负责人力、法律、营销等的外部公司，最终的结果是让整个社会的运转更高效、更便捷。

而硬件的基础设施，也会有一个分拆的过程，我管这个叫硬件设施的解体。比如"迷你KTV"就是其中的一种。类似的还有超级猩猩，是把传统健身房解体，变到小区中，成为零散的无人服务。还有咖啡零点吧，是把传统咖啡馆解体，变到商业广场和写字楼中。类似的还有鲜榨橙子、充电宝等各种场景。

其实，这些东西和共享单车都是一脉相承的，都是因为移动支付而兴起的线下无人设施，可以给人们提供更便利的选择和更好的体验，并且运营成本更低。只不过，共享单车是移动的，而这些是固定的。

固定的坏处是增长和传播不如单车，但固定的好处是可以对渠道形成壁垒，所以渠道拓展和把控能力就是重中之重，那么有渠道能力的公司也许在这波潮流中会有独特的用武之地，比如友宝、分众或美团等。

而且这类产品本身大都毛利很高，是可以直接赢利的。按照这个思路，我还是蛮看好由此牵出来的一系列投资品类和主题的。

千聊、荔枝微课、一块听听

我曾和姬十三一起去网易参加一场关于知识付费的活动，姬十三有句话我很认同，他说知识付费是教育（培训）、内容（出版）、媒体行业的整合。

以千聊为首的这些微课平台，就是一种基于微信平台上的知识付费的附属应用。这种平台型工具产品的好处是能够用每一个主讲协助做用户引流，起量很快，但坏处是所有的流量很难留在平台上，并且再做二次分发的难度也不小。这其实有点像视频平台，不断地引流来 IP 是没有用的，最终拼的还是自主制作内容、打造 IP 的强运营能力。

所以，我觉得这类工具最终要走得长久，还是要或签约或打造独家的头部资源，做类似MCN（Multi-Channel Network，一种多频道网络的产品形态）的事情，而不是只满足于做好一个工具。

天天狼人杀、狼人杀、玩吧

杀人游戏沉寂了好多年，又以狼人杀这个身份复活了，而且竟然隐隐成了一种底层社交语言。

天天狼人杀、狼人杀和玩吧等公司都是做视频狼人杀的，我早在2016年年底的文章《2017年，投资投什么，创业创什么？》中就提到过，视频形态的产品是仍然有很多机会的，无论是游戏还是社交。对于投资机构来说，这类公司可能首先是数据还不错的游戏公司，其次是有可能挑战社交领域的。如果只是按照纯游戏来说，狼人杀这个游戏不能说是最适合线上视频形态的，因为狼人杀的游戏体验很容易很糟糕，参与感不强，且容易受其他玩家干扰。

但如果是从社交的角度来想的话，从现有的游戏场景切入做社交也许是件相对可行的事情。比如王者荣耀其实就是最新的最具统治力的熟人社交方式，那么狼人杀类产品是否有这种潜力呢？我觉得有一点勉强，但至少可以观察。

最后，从纯视频形态的产品来说，我一直觉得做一个线上视频版的《非诚勿扰》会是个很有趣的场景。

| 精选留言 |

缪晓栋：

我做精品咖啡的，不看好自助咖啡机。现有的机器就是做不到人工出品的质量。就按曲老师的评分标准，自助机器出品的咖啡只能有 5 分，独立精品咖啡店出品的咖啡能有八九分。另外，自助咖啡机可以对标便利店咖啡，现在全上海所有的便利店都在推现磨咖啡，均价都在 10 元。一个店一个机器，全自动，只需一个店员就能完成萃取浓缩、打奶、融合、打包全部工作。企鹅吃喝推过一篇文章，总结过上海几大便利店所售咖啡的对比。按曲老师说的，中间那层价格中等、质量上乘，在上海，就是满大街的福利。好点的精品咖啡店都能做到均价 20 元左右，仅靠卖咖啡就能养活自己，当然房租、人工成本，都是精品咖啡店发展的最大阻碍。

作者回复：

业内人士看法果然不一样。

W：

赞！作者观点和我在实践过程中的结论一致。线下服务的便利性、时效性、体验性等都是互联网本身难以满足的，从这个地方入手去创新也许会有不一样的惊喜。

35 我眼中的未来

视频领域变革

所有公司的赢利方式只有两种。第一种是想方设法更好地卖货（或提供服务），比如京东或小米。另一种是想方设法帮别人更好地卖货（或提供服务），比如百度或脸书。第二种赢利模式一般来说就是广告，而对于所有公司来说，做广告最有挑战的地方在于，这是一个零和市场。卖货（或提供服务）的商家的毛利率是相对固定的，那么其愿意在广告上的支出也是基本稳定的。对于商家来说，问题一般是如何在不同渠道间分配广告投入，而不是该投入多少广告预算。所以，这就像二级市场一样，市场容量是有限的，有人多赚了，就说明有人少赚了。

如图35-1所示，从1930年以来，美国的广告投入绝大部分时间是占整个国家GDP的1%~1.5%，这个稳定度相当惊人。所以当脸书和谷歌垄断广告市场的时候，领英和推特的市值就一直不太好看。

从图35-2可以看出，在过去10多年里，广告收入变化最大的领域有两个，白色部分代表的报纸行业是下降最快的，而移动行业是上升最快的。杂志、广播、电视三个行业反而相对稳定。

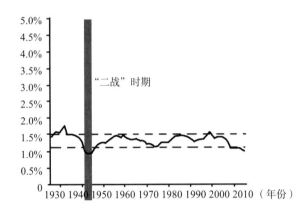

图35-1　美国广告投入占GDP份额情况（1930—2010年）

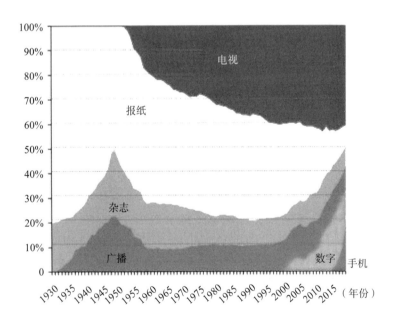

图35-2　美国主流媒体的广告份额变化（1930—2015年）

这也说明，互联网的连接属性，确实打通了世界的信息，所以靠"信息"起家的报纸行业受到了致命的冲击。而杂志和广播靠着垂直的场景一直相对稳定，那么如果互联网和移动互联网继续增长，剩下的最大的一块可能被蚕食的市场是什么呢？

一定是电视行业。

广告主的反应都是滞后的。电视虽然仍然是最大的媒体之一，但是根据图35-3的数据我们可以看出，越年轻的群体，真的越不看电视了。

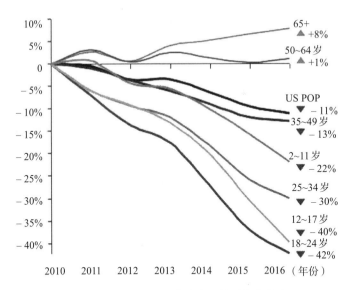

图35-3　美国不同年龄段的人群观看传统电视的时长变化（2010—2016年）

视频是一种先天优于文字的表现形式，制作门槛和成本越高，消费门槛和成本就应该越低。人们阅读文字时需要动脑子，而看电视则完全是被动吸收。所以视频内容的机遇一定是优于文字或文字与图片的组合的。

在美国，Snapchat 和脸书在短视频领域已经争得不可开交，目前国内在短视频领域做得好的是快手和秒拍等。今日头条目前正在发力该领域，但不知道大家注意到没有，有一个产品是最该入局却一直缺席的，那就是微信。我认为微信这次的动作确实慢了，如果在视频内容的消费上能做好，微信是有可能完成几乎登顶后的自我突破，再次走到另一个台阶的。

想象一下，如果朋友圈中出现大量的短视频内容（哪怕是 PGC 分享，但可以直接浏览），那么微信用户的在线时长又会继续增加多少？

当然，除了短视频，直播平台也是很有可能对标过去的电视的。比如斗鱼和熊猫 TV，甚至 B 站（哔哩哔哩）都在做自己的综艺节目，而不同的主播的房间也就像是传统电视上的不同的电视频道一样。

我相信，文字媒体行业的挣扎与衰退，会很快出现在电视媒体行业，再过几年可能会有很多电视台过得非常艰辛，就像如今的报社一般。

再者，视频行业里不只是内容创业者有机会，也许基于纯视频的社交、娱乐等产品也会再现风口。

AI 的未来

我最近一直在想，AI 的本质到底是什么？后来我突然想到，既然 AI 的意思是人工智能，那么 AI 的极限就相当于人。

也就是说，讨论 AI 的本质，直接拿人脑来类比就好了。那么人脑对于世界的作用我暂且分为三种：识别、判断、行动。

识别，是人脑处理信息的第一步，比如我走在路上看到迎面走来一个生物，大脑首先会判断出来这是一个人。而这第一步也是现在大多 AI 公司在做的事情，也就是图像识别、语音识别等。

判断，是基于认识而产生的，根据迎面走来的那个人的穿着和表情等，大脑可以判断出这个人是否怀有敌意。这就要比简单的识别更进一步。

行动，是根据识别和判断而产生的结果。我识别出一个人走来，判断出他有敌意，那么大脑最终指挥产生我的行动：跑！

所以 AI 对我来说，就是这三个过程量的改进和组合。

如果说人类的行为大都是基于经验，那么 AI 的行为就是基于数据。一个人的经验有可能不全、不准确，或受到各种外部条件影响，而数据是可以克服这些问题的。

所以 AI 最终能够作用于任何存在大量数据，并且可以被训练总结成"经验"的领域。那么越能够被量化、越年老越吃香的行业，越容易被 AI 取代。而且，数据本身也是存在规模效应或类网络效应的，所以未来在某个垂直领域内，成功公司的集中度也会很高。

此外，很多人也都提到过 AI 的场景问题。AI 的好处是它是一个新的维度，也就是说任何行业和公司都可以 AI+，但是 AI 的问题，它的维度是一种对既有场景和模式的升级而不是革命，所以要找一个适合 AI 创业公司的新场景就极难。

比如我们可以说携程通过 AI 能让人们更方便地买到低价票，百度通过 AI 能让人们更快捷地找到所需信息，但很难说 AI 本身有多少 2C（对消费者）的场景（至少目前看来 AI 个人助手还是一个非刚需的伪命题，而且技术的演进也远未到真的出现智能助手的时候）。

所以，AI 将更多的是一个2B（对企业）的场景，是通过技术帮助现有公司做得更好的事情。那么随之而来的第一个问题就是，2B 场景下，已经有互联网巨头占领的领域，是否还有创业者的机会？互联网巨头自身的技术和人员储备会不如创业团队吗？（而且拥有大量数据的大公司本身就有更大的优势。）我觉得这个问题要打一个非常大的问号。

那么对于创业者来说，也许去为一些小市场或小公司加上 AI 更有机会？但紧随其后的第二个问题是，互联网巨头会不会开放自己的 AI 能力？根据最新的报道，谷歌和亚马逊都开始在自己的云服务之上增加机器学习能力的服务，本身公有云的布局和客户构成就能够和 AI 最好地进行协同，我相信这是大公司必然会走的一步。

基于以上分析，我觉得 AI 领域未来会有三个结果：

1.互联网巨头都会重拳布局，并且会开放自己的接口。AI 市场很大部分会像云市场一样，是被几家巨头瓜分的；

2.当下的很多创业公司会被大公司收购，而且很多时候是偏向人才和技术收购；

3.一些垂直领域的 2B 的 AI 创业公司才有机会，而且是越传统的领域越有机会，比如教育、医疗、金融、政府机构等。那么除了技术以外，这些创业公司对行业的理解和业务推广能力也是同等重要。

个性化是方向

过去的线下渠道中，因为货架空间有限，所以面对线下购物的人流，商家都要在有限的位置下，尽可能地产生最大的购买转化率。也就是说，商家针对用户追求得更多是"最大公约数"。具体来说，就是商家会更愿意生产和售卖一个 100 个人里有 60 个人打 80 分的产品，而不是有 40 个人打 100 分的产品。

这就是线下场景的局限性和必然结果。但是，随着线上渠道的连接性加强，并且随着消费升级带来的顾客消费意识的转变，个性化消费会越来越成为趋势。

原来这 100 个人里的 80 人都是一个共同的群体，比如他们都购买 A 品牌的洗发水，但现在，在网上他们可能都能够找到自己最喜欢的能够打 100 分的产品，于是这 80 个人也许会分散成 5 个品牌的拥护者。所以，过去只有几个大品牌的快消品市场，会慢慢地变成分散的多品牌市场。

随着个人数据的增多，这个趋势会体现在各个不同的领域。比如基因医疗或 DSP（需求方平台）广告等，本质上都是一个原理。

再比如，知乎上有一个问题："为什么很久没有周杰伦、林俊杰、王力宏、孙燕姿、蔡依林、SHE 级别的华语歌手了？"排在第一位的回答也恰巧讲了类似的原因，就是连接、碎片化和个性化让市场上出现了很多小众化的明星，每个明星背后都跟了一个小群体，但市场却很难有机会再产生大明星了。

所以，个性化和垂直（或者也可以说去中心化）仍然会是一个大的潜在方向，不仅是在消费升级领域，在其他领域中也一样。

传统企业和互联网的结合

不管从什么维度来看，互联网都发展到了一个非常深入的阶段。

如果说以前的机会在创业公司，那么现在一定会转到传统企业的互联网改造了。

对于传统企业来说，要转型有两种方式。一种是被外部公司服务的业务转型，一种是自身内部的转型。目前看来，与外部公司合作，带来的是很多SaaS（软件即服务）公司的机遇，在近期大多SaaS公司都从中小客户群体向大客户转型，这也是一个合理的结果。而靠自身内部转型成功的传统企业到目前几乎没有任何案例。没办法，基因实在是对不上。所以，对这些传统公司来说，未来收购和控股互联网公司也许是更好的选择。这就像Accel合伙公司的一个合伙人曾经在一个活动上所说的，创业公司应该抛去对传统行业的鄙视之心，也不要总想着彻底颠覆，因为最终很可能是这些你们想要颠覆的公司把你们收购。

AR 是下一个平台

我一直相信VR的魅力，相信VR会是一个很有潜力和价值的市场。但问题的关键在于，VR到底是一个游戏主机量级的市场，还是一个智能手机量级的市场？目前我的判断更倾向于前者，也就是说大多数人还是会为了影音娱乐或游戏而买VR眼镜，那么这个用户群的量级就永远无法和智能手机对比，也就永远无法成为真正的平台级的事物。

VR是纯虚拟的场景，局限性非常强。而AR是能够与现实交互的，我觉得是有可能在未来变成下一个真正的平台的。也就是说，未来也许AR硬件的保有量会像如今的智能手机一样，当然，那可能会是 10 年甚至更久以后，但从极限法来看，再难再远，总会有那一天出现。

从电脑到手机，人们的需求首先是便捷性和移动性，其次是屏幕的大小。眼镜相关的产品最大的好处恰巧也是这两点：第一，绝对的便捷和易携带，本身就是对眼镜这个已有事物的替换；第二，屏幕变小了，但是离眼睛的距离足够近了，带来的感受反而比手机屏幕要好。

所以，如果说未来有一个硬件平台能够取代手机的话，我更愿意相信是 AR，哪怕是在很久之后。

｜精选留言｜

Will Van Dér Bilt：

目前变现的路无非两条：一，电商，即购物平台；二，导流，即广告。一对应的有亚马逊和京东，二对应的有谷歌和阿里（由于各种环境经济因素不同，不拿亿贝和淘宝类比了）。看一下相关报告和二级市场表现（特别是除去亚马逊的 AWS 业务），就不难发现卖东西的赢利能力远不如平台导流。这里面有很复杂的因素，不过记住结论就好了。所以，目测接下来三年会有一小批视频类的公众号兴起，类似之前火了一阵的徐沪生的"一条"。视频类的平台应该会在 2018—2020 年面临一场洗牌。

杨霄：

个人觉得短视频确实符合人性，但是以目前移动端碎片化的使用习惯，居高不下的流量费才是第一道阻碍。你会在地铁上点开一个个视频看吗？没有Wi-Fi的时候，大家还是会点开公众号文章安静阅读。

作者回复：

我会啊，我觉得现在已经到了有很多人没有那么在意流量的时候了。再说，也可以在有Wi-Fi的地方看啊，比如白天在公司或早晚在家。

樊星宇：

基因难改。当年陌陌上市为洗白不知付出多少代价，百度搜索引擎出身除了广告推广竟然找不到更好的赢利模式，不过这也助力其花最大力气提前迈入智能科技领域。剩下社交出身的腾讯和电商出身的阿里在拼命争夺流量来做互联网金融，把银联蚕食到不到1%的市场占比也是可以。线上被大佬们瓜分完后，第二梯队的京东、小米、滴滴们不断布局线下，智能穿戴和智能家居等能否成为全新的流量入口？让我们拭目以待。

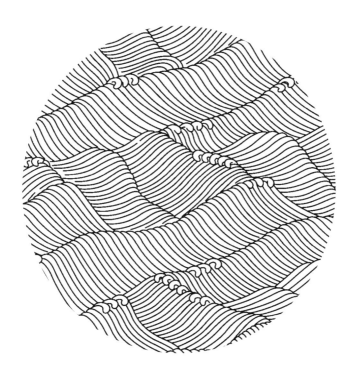

——

江湖传奇

——

36 Hi，最近还好吗？

　　我和李义是在一场很"山寨"的项目路演上认识的，我俩分别代表两个基金做评委，就是坐在第一排对着一堆创业项目指点江山的那种。

　　但凡在创投圈混过的人，都知道路演上的项目大都不靠谱。一般投资人看看项目名称和一句话介绍也就在心里把项目否定得差不多了，但到了点评和提问环节，还是会假装问些小问题，再鼓励一下创业者之类的。毕竟是主办方请来的，大家也都要做做面子，心照不宣。

　　而李义是我见过的第一个这么敢说实话的人，简直是直白又真诚，让人感动到想哭。

　　"你这个项目方向太不靠谱了，这个领域那么多初创公司，做一个死一个，你还要进来，这是找死啊？"

　　"你自己是创始人，是CEO，才占20%的股份？那你还做个毛线啊，肯定没人敢投你的，回去先整整股权比例再出来融资吧。"

　　"你这个人沟通能力太差，背景也不行，不适合创业啊，要不要考虑回原来公司再看看？你说你现在回去他们还能要你吗？你多跟他们说说好话啊。"

　　整场下来，李义把我们心里想说又不好意思说的话都说了。每次轮到李义发言，主办方的脸就开始变绿，而我就要在旁边强忍着不要大笑出来。

"有种，不装 ×"是我对李义的第一印象。我们慢慢熟络起来以后问他当时不怕被打吗，他说，我是在帮他们有什么好怕的，你们不说是因为你们怕说错，怕人家后来飞黄腾达了说你们当初傻×。

是，我们不说是为了自己，他说出来是为了别人。那天李义在我心中的形象异常高大。那天，他就着烤串，吃了三碗米饭。

"咱们这行啊，就是这样，见一次面是认识，见两次面算熟，见三次面就可以称兄道弟了。"他跟我说，"这样的兄弟，我可能都有上百个了。"还掏出手机给我翻聊天记录。"你看，你只要搜索'对了'这两个字，大多就都是这种兄弟了。就是800年没见过了，突然出来跟你打招呼的那些兄弟。"

"Hi，哥们儿，最近怎么样？"

"挺好的，你呢？"

"我也挺好的，对了……"

"对了"后面多半是要问认不认识什么人、听没听过什么项目，还有些实在太烂的会说："对了，有空帮我投个票呗？"

所以后来，如果有一个人半年没联系了，突然冒出来，我一定会等着他说"对了"这两个字，然后截图发给李义。经过长期观察，李义的这个总结着实精辟。

而我和李义的微信聊天一般更直接点。回翻了下记录，对话基本充斥着"吃饭吗？""你请我就去"之类的句子。

李义有个和这个圈子完全无关的女朋友，他甚至没有带出来给圈内的人认识。据说他俩是在一次同学聚会上认识的，当朋友介绍说李义是投资人的时候，女孩赶紧后退了几步，皱着眉头心想这男的长得还行，怎么做起了理财推销。后来，李义发挥投资人的天赋——胆大、心细、厚脸皮，终于把女孩拿下了。他总用"秀我一脸恩爱"的语气跟我说："贵圈太乱，我这么纯洁的人不适合找贵圈的。就找个普普通通的女孩子过日子，挺好。"

单就这点来说，我是十分羡慕他的。但你要知道，有时候普普通通过个日子的成本可能会更高。

2016年春节前后，李义突然给我发微信说："哥被丈母娘逼婚了。"

我问他："这不是好事吗？你不是挺喜欢嫂子的吗？"

"你懂啥？过日子很贵的。她妈让我必须年内买套房，说是帮她在老家找好一个'土豪'了。那'土豪'据说也是做投资的，还是用自己的钱投资，不像咱们啊，人家那是真投资啊。"

我读出了李义大笑中的无奈，李义并不是一个家境多好的人，让他买房，基本就是逼他分手了。准丈母娘这招够狠。

李义想赚钱了。他向周围人扫听了一圈，发现做FA的朋友里买房转化率最高。于是天天在纠结要不要改行做FA。

"我最近就在想，做VC的都是一群彻头彻尾的理想主义者。干着一样的活，赚得比FA还少8倍，谁能告诉我我到底图啥啊？"这是纠结版的李义。

每次我都劝他："FA是一时的，VC是一世的。你的性格也真不适合啊，你当FA去，创业者是你爹，投资人是你妈，你还能像现在这样想喷谁就喷谁？"

其实，这问题李义比我想得明白。他觉得VC和FA就差在谁离核心资源更近，这个核心资源就是钱。离得越近层次越高，但好像也并没有什么用。

"你看，我做VC是找来一个项目，推给一个老板。我要是去做FA，是找来一个项目，推给多个老板，那成功率能一样吗？而且做VC赚的是辛苦钱，做FA直接可以赚资本、赚抽佣了，多爽啊。"

有段时间里，每次见面李义都在给我讲做FA的好，我知道，他其实是想说服自己。

"那你就去做啊！你讲这么好，你再不去我就去了啊！"我只能推他一把。

后来，李义就真的去做FA了。有那么一段时间他忙得要死，我们见面也少了。突然有一天，他又给我打电话，叫我出来喝酒。

我在约好的地方等了他一个小时。我揶揄他说："你从来不迟到的啊，怎么当了FA反而染上VC的恶习了？是不是最近变大款，腕儿也变大了啊？"

"说啥呢。刚开了个项目会，约的投资人晚了一小时，这帮投资人的德行，我现在都习惯了。不迟到都不能好好聊项目。"

"哎，我还是投资人呢。投资人也有靠谱的，你别一起黑。"

"靠谱什么啊，你要是也做FA就知道了。接触的投资人越多，越觉得这行参差不齐。算了，不多说了。"李义长叹了一口气。

那天晚上，李义跟我抱怨了一通。基本就是在说，他做着做着，就觉得自己像那些视频平台里的女主播一样，自己认真做没有流量，看着隔壁的主播们搔首弄姿倒是有不少观众，心里也不平衡。同侪压力太可怕，逼得他也要"肯脱才能红"了。

我能感觉出来李义变老了。他确实像那些网红主播，只不过那些人是在自己脸上动刀子，而李义是在自己心里动刀子。

半年多以后，李义难得一次说要请我吃饭。

"老子做完这个项目就快赚够了。老子终于可以辞职了，简直受够了。"李义用异常平静的语气说，"你知道吗，老哥大学里是戏剧社的风云人物。"

"看得出来啊，你现在这么活跃。"我说。

"不，你不懂，"他说，"你知不知道，每个戏剧社都有个不敢上台说话的文艺青年，当时我就是那个人，常年上台演一棵树的那种。被各种人欺负，但当时那段日子，回想起来真纯粹和开心啊。"

"后来进入社会怎么就慢慢都变了呢？我也不知道为什么，就全都变了。老子一个不爱说话的人，硬是被逼成了一朵可爱的社交小花花。"

那天李义喝多了，我第一次见他这么脆弱的样子。后来，他接了一个电话。

"哎，对的，我是李义。哎，王总您好您好。对，我这是有一个汽车的项目，对，项目挺好的，创始人背景也不错。虽然创始人占股特少，但不妨碍项目靠谱啊，您说对不对？哎哎，没问题，我现在就过去跟你简单过下项目。没事儿，不晚，马上啊，您稍等。"

接完电话他啥也没说，看了我一眼就走了。

我算是发现了，日子和理想可能根本就是一组反义词，要想好好过日子，就必须要放弃点什么。

看着李义的背影，我拿出手机，给"投资人"标签的好友群发了一条信息：

"Hi，最近还好吗？对了，这边有个汽车项目不错，要不要看一下？"

| 精选留言 |

品途刘宛岚：

好看。今天下午我就要去点评创业项目，希望边上也能坐着个李义。人生就是这样的，有远方和诗，也有眼下和苟且。对了，这边有好多项目，都不错，要不要看看？

作者回复：

希望你点评顺利哦。对了，什么阶段的项目？

37 焦虑，迷茫，失望，自救的VC [1]

黎远把所有文件都扔进了碎纸机，按下开始键，一阵轰鸣声过后，办公室归于沉寂。他静悄悄地把门掩上，离开了他所供职的第四家投资机构。同样被他留在身后的，还有长达7年的投资生涯。

像黎远这样的VC从业者，在中国大概数以万计。

外表光鲜的VC行业总是吸引着最优秀的年轻人，他们履历不凡、野心勃勃，从四面八方涌来，让这个行业充满着过剩的智商、激素和厮杀。

然而，满载希望而来的他们，却又有不少带着失望而走。仍然坚守着的，也难免需要在焦虑和迷茫中，努力抓住那转瞬而逝的成就感。

在这样一个突然膨胀又骤然紧缩的大资管时代，VC行业的个中滋味，恐怕只有这些年轻人最清楚不过。

闻风而动的年轻人

美国某高校毕业的王岩在一家顶级美元基金公司工作了两年，这

---

[1] 本文为"42章经"为这个创投时代做记录的第一篇群像特写，作者张雨忻。谨以此文致敬那些曾经或正在这个行业中奋斗着的人。

是他继KKR集团之后的第二份工作。

从 PE 进入 VC 看起来是一个不那么明智的选择，"降薪很多，思维方式也完全不同"。但王岩并不在乎，因为PE的严谨和保守已无法再满足他。"大PE总是会选择比较安全的，能够稳赚两三倍的生意，这就必然会错过高成长、高回报，当然也是高风险的生意。"

他举了个例子："2012 年，国内一家大型互联网公司希望融资来回购大股东的股份，估值约为300 亿美元。当时我很看好这家公司，但老板质疑的是，当时最大的互联网上市公司百度的市值也不过 700 亿美元，这家公司还有多少上升空间？而且，即使投进去也只是一个小股东，违背了 KKR 谋求控股的投资逻辑。"

就这样，不仅KKR，大部分 PE 都错过了这个原本可以带来超额回报的项目，这也让王岩再一次意识到，自己更向往的是充满冒险精神和无限可能的 VC 行业。

"我是个特别理想主义和乐观的人，更容易看到想象力和可能性，所以更适合做早期投资。而且，VC 要找的是黑天鹅，我喜欢这种反常规的思考方式。"

同样从顶级 PE 出走后进入 VC 的周奕在大三的一次实习后就认定了这份职业。

大二时他在一家投行 TMT 组实习，为微博等互联网公司做股票分析。"原来从没有认真研究过我们每天在使用的互联网产品的商业模式、财务模型，但这些东西突然一下就把我吸引住了，当时我几乎把所有业余时间都花在这些东西上面。"

那时正是 2011 年，移动互联网正在快速兴起。

就读于商学院的周奕想与更多的互联网公司产生交集，VC 便成了他心中的最理想之选。第二年，他给红杉、IDG、KPCB、富达等顶级机构的合伙人发邮件寻求实习机会，并如愿以偿地进入了其中一家，而他的同学几乎清一色地去了投行。

其实，VC跟他最初想象的有点不一样。

"大家做决策时不太看赢利情况，尤其对于移动产品来说，只要有高增长就投。这让我在学校学的东西几乎都用不上。"即便如此，他还是非常热爱这份工作，"每天接触的那些公司我都很感兴趣"。所以，虽然毕业后进了一家顶级PE，但10个月后，他还是回到了VC行业。

放弃了高薪的周奕想得很明白："来做VC的目的就是投出独角兽。即便没有机会实现，也希望能投出健康发展、持续赢利的公司，并且和它们共同成长。"

已经做过7年VC的黎远则坦承，自己进入VC行业的直接目的就是"赚钱"。

"至少在早期，VC行业很赚钱的，达晨有100多家portfolio（证券投资组合）都上市了，找准机会，在这个行业里是可以赚到大钱的。如果投出独角兽，更是名利双收。"黎远说。

但更多年轻人入行还顾不上考虑财务回报，获得"个人成长"是他们最直接的目的，即使这个过程总是伴随着焦虑。

离开百度战略办公室后，戴康转身加入了一家新基金公司，他的期待就是"更快速的个人成长"。"人的成长可以从两个层面来看：获取信息的速度和获取信息的质量，而VC恰巧很好地满足了这两点。"

消失的机会

在这个容量有限的市场中，一旦碰上坏的光景，原本层出不穷的机会就会骤减。

"除了充电宝，最近还有什么风口？"这是"42章经"近期被同行友人问及最多的问题。这恐怕是中国 TMT 风险投资历史上最焦虑的一段时光之一。

回溯到 2014 年，那时的市场还非常火爆。根据 IT 桔子的数据，2014 年有 10 059 家创业公司成立，达到了近 5 年的峰值。同时，投资机构也都在疯抢。

彼时入行仅两个月，正在看文娱领域的周奕经历了一次难忘的"失之交臂"。"那天我跟着合伙人去看一个项目，约了创始人晚上 7 点见面。这家公司已经在这一天里见了 7 波投资人。当轮到我们时，价格已经涨了一倍。"这次抬价不仅让他错失了一个好项目，更让他在第一线感受到了厮杀的惨烈。

2015 年，行业仍在升温。对于年轻人来说，这时候进入 VC 行业还可以抓住行业红利的尾巴。据 IT 桔子统计，仅上半年来自 PE 和 VC 的投资额就和 2014 年全年持平，其中一半以上投入了 TMT 行业。

但到了 2016 年，市场迅速降温，新成立的创业公司只有 2 070 家，同比下降 76%。虽然 2017 年资金又开始重新涌入市场，但优秀投资标稀缺的状况却没有改善。

尽管从业者都在讲 2017 年的市场在变好，但这并不能解决资产荒的本质问题。到了后来资产端的供给跟不上、投资主题青黄不接的时候，很多投资人都感到焦虑和迷茫。

黎远决定暂时离开 VC 行业，"红利期已经结束了"，他很悲观。在 7 年的从业时间里辗转了4家性质完全不同的投资机构，这让他几乎经历了创投市场一轮完整的起落浮沉。

"2008 年投资很容易，很多好项目大家都是按 PE 的回报率来算的，5~6 倍，最多也就 8~9 倍。当时市场非常好，VC 收割了一批高利润的公司。"黎远说。

随着高利润的公司逐渐枯竭，大家会把注意力转移到高收入的公司上。再之后，便是高流量的公司。2011 年，移动互联网兴起，高流量的公司成为焦点。因为只要找到变现途径，高流量就能迅速转化成高收入。

如今，移动互联网红利也处于消耗殆尽的边缘，高流量的公司在这几年悉数被挖掘。缺乏利润、收入甚至流量的支撑，"高成长性"无从谈起，而"高成长性"又恰好是支撑 VC 投资逻辑的核心。

无疑，对于想投出独角兽的投资人来说，高成长性公司的稀缺令他们不安和迷茫。所以，一旦市场上冒出了高速成长的潜力股，投资人就一拥而上，风口就此产生了。

跟风现象引来非常两极化的评价，但其实对很多年轻投资人来说，他们顾不上参与这样的讨论，因为他们大多数连抓住风口的机会都没有——这些领域总是迅速被催熟，被收割，当你意识到时一切都已经来不及了。

抓不住的成就感

要学会与焦虑、不安和平共处，投资人都需要想办法平衡天平的另一端——成就感。

在 VC 这个极度奉行结果导向的行业中，最强烈的成就感无疑来自投出好项目。

作为一个比较成熟的投资人，黎远非常认同这一点。"如果没有办法投出可以退出的项目，看不到钱在哪儿，待在这个行业就没有意义了。这跟做一家公司是一样的，如果公司已经没有增长了，那不如早点关掉。"

但对于许多入行不久的年轻投资人来说这简直是奢望，他们甚至没有出手一试的机会。

"自己看好的项目没办法出手是经常的事，而且这些项目里不少都是明摆着可以赚钱的。"2014 年是黎远进入 VC 行业的第 4 年，那时他在上一家机构已经投出了不少好项目，但也依然无法避免错失独角兽的遗憾。

"2014 年，我非常看好一家人工智能公司，一共推了 3 次，当时估值 4 亿元人民币，转老股的话可以到 3 亿元。但老板不看好，3 次都没出手。这个市场上没有几家独角兽，错过一次独角兽，很可能这辈子再也没有这样的机会了。"

那些比黎远资历更浅的投资人对项目就更加没有掌控力了。

戴康推项目很谨慎，他一年时间里对 50 多个项目做了签订 TS（投资框架协议）之前的尽职调查，最终让他下决心一推到底的却只有 3 个项目。然而，直到最终环节，"我们的合伙人带着 TS 去见创始人，却又拿着 TS 回来了"。这种功亏一篑的感觉让他很沮丧，"合伙人可能本来对项目就没有十足的把握。通常，在面对这种可投可不投的项目时，合伙人大概率会选择不投"。

比项目推到最后却没成更惨的是，自己推上去的项目合伙人根本就不理会。许扬杰是某二线美元基金公司的投资经理，将近两年的时间里，他没有出手一个项目。

"推项目很困难。虽然我对项目很有把握，但老板就是不想投，我挺受打击的，甚至会质疑老板的判断力。"

无法通过投出项目来证明自己，就必须切换获取成就感的方式。

戴康一直在调整自己的预期："后来我想明白了，我看好的项目，不管谁投了，最后公司做得好我都挺高兴的，这是对我个人判断的一种肯定。"

所幸，对于一些拿到融资的项目，它的成功与否很快就可以被验证。但更多的项目却需要在动辄数年的时间跨度里才能被检验出成色来——即使是一次成功的判断，所能带来的成就感也是非常滞后的。

当然，那些大量看项目的投资人或多或少地会看到自己的变化。一方面，他们的综合判断能力和认知水平在上升，另外，对细分行业也会有自己的标准。黎远说："大多数行业并不像手机，能通过跑个分那么直观地看出好坏。只有看得足够多，才能基于技术、产品、团队等诸多因素来对公司做判断，这个标准完全就在于个人经验。"

他从第一家基金公司离开时大约 27 岁，除了投出了几个项目之外，他最大的收获是"能够看清楚哪些公司能赚钱，哪些不能"，这便是一定认知水平的建立。"时代总在变，在投资这个行业里，只有建立了认知，当运气来临时才能牢牢抓住。"

吴青曾在一家准一线美元基金公司工作两年，投过一个项目。即便出手过，成就感对他来说也是一件奢侈品。"投资人的学习很分散，不会在一个项目上投入过多精力，所以学到的东西很难系统化，而这种碎片化的知识无法带来明显的成就感。"

吴青对自己这段投资人的经历颇有无奈："这两年，我几乎没有什么成就感，对于自己投的项目是否成功也无法检验，只能交给时间。"

如影随形的焦虑感

比起飘忽不定的成就感，更有如影随形的焦虑感折磨着这群年轻人。

对于极少数有机会出手的年轻投资人，品尝所投项目的失败总是痛苦的。周奕跳槽到一家新基金公司没多久，他在老东家所投的第二个公司就宣告了死亡。

其实，周奕对这个结果早有预料，但这个过程依然令他倍感煎熬。"投的时候合伙人就说这个项目的成功率可能非常低，但还是鼓励我放点钱试试。在投了之后的 3 个月里，产品的数据已经越来越不好，那时每天都很焦虑，好像在等着宣判死刑的那一天。"

而那些还活着的公司对他来说同样也是焦虑的来源，尤其是当他知道公司现金只能再支撑一两个月的时候。"每天晚上 12 点躺下后，这个公司过往的一切会像电影一样在脑子里放个不停，持续好几个小时。"

能尽早品尝失败的周奕已经属于幸运的少数了，因为他所在的机构很有魄力地给予新人大量的决策权。而更多的年轻投资人根本无缘体会扣动扳机时双手的颤抖，他们的焦虑几乎全部集中在前期发现资源上——不少喜欢做研究、求知欲旺盛的年轻人进入这个行业的第一天就意外地发现：这个行业更需要他们的社交能力。这给他们带来很大压力。

"最早的时候出差很多，时间安排得满满的。"因为晚去了几小时、价格翻倍而错过一个好项目的周奕在之后的日子里都绷着一根弦。"有能够接触到新项目的活动就会去参加，虽然知道效率很低，大量的无效信息充斥，却也不敢怠慢。"

刚入行的投资人几乎都经历过这样一个疲惫的阶段。

所幸，周奕现在倒是从容了不少。"要跟已经结交的创业者朋友保持良好的沟通，他们往往会有很多朋友、合作伙伴都是潜在的资源。同行间反倒交流效率不高。"

他也确实花了一些时间来思考社交这件事。"之前觉得社交不够多是自己不够努力，后来我觉得每个人很难改变自己的性格，应该找到自己擅长的方法。"

刚入行的投资人几乎都会经历一段"从兴奋到迷茫"的过程，当兴奋感不再，取而代之的就是焦虑感了。

王岩向我描述了自己的状态："前两个月看什么项目都觉得靠谱，恨不得每个项目都投。两个月之后，就看什么项目都觉得不靠谱了，因为看到的风险和失败越来越多。这是非常极端的两种状态，会让我有点不知所措和感到失去方向。"

而这种焦虑背后都隐藏一种深深的恐惧——投错项目。

事实上，一些大基金公司的美元LP（有限合伙人）并不这么看。周奕告诉我："如果你的 portfolio 里少有失败的项目，一些 LP 甚至还会挑战你——如果你的项目死得不够多，说明你的风格不够冒险，而我们就是希望你去找到更多高风险、高回报的项目。"毕竟，最终衡量一个投资人投得好不好，不是看他死了多少公司，而是成了多少公司。

所以，年轻的投资人应该学会坦然接受一件事情：自己做的是早期投资，投的很多公司就是会遭遇失败，因为很多时候自己做出的决定就是错误的决定。

其实，比起经历项目逐渐死掉的切肤之焦虑，还有两种焦虑更是延绵不绝，那便是"看到自己没投进去的公司发展得很好"和"好的公司自己压根儿没看到"。

正如熊晓鸽所说：VC 是一个你永远都在后悔的行业。

但在当下这个风口盛行的时代，错过一个风口足以让人后悔得扼腕。很多年轻的投资人因害怕错失风口里的项目，而变得越来越迷茫。

已经做过两家基金合伙人的胡博予在自己的知乎专栏里写道："等到错过一些让人捶胸顿足的机会，然后也用几百万美元打过几个水漂之后，你才能慢慢地冷静下来，明白一个道理——该是你赚的钱，总归是你的；不该是你赚的钱，急也急不来。"

周奕对这件事也已经想得很明白："一个投资人不可能投到所有的好项目，有些东西错过了就算了，可以反思原因，也可以总结经验，但千万不能因为焦虑而变得盲目跟风，从而失去自己的判断。"

拥挤的市场

与 2016 年的共享单车如出一辙，共享充电宝在 2017 年掀起了一场资本的狂欢。

自 2017 年 3 月 31 日起的短短 40 天时间里，共享充电宝领域产生了 11 笔融资，近 35 家机构入局，融资金额约为 12 亿元，是共享单车刚出现时获得融资额的近 5 倍。如果仔细对比进入这两个市场的投资机构的名单，你会发现它们是高度重合的：金沙江、经纬、红杉、腾讯、滴滴等大资本悉数出现。

"很多好项目没法投不是你没有发现，哪怕你早早地了解到，也投不进去。"抖音上线后不到一个星期，黎远就注意到了这个项目，做了充分的研究后，他发现"都是大玩家在玩，根本没办法投进去"，这让他产生了巨大的无力感。

资本圈里，一些机构与机构之间开始形成更深一层的信任关系，这种关系不断强化，就像神经网络一般，令圈子之外的资本很难再插手，小基金公司的日子只会越来越难。

可以说，VC 行业已经出现寡头化的苗头。任何行业一旦进入寡头阶段，就接近成熟了，这也意味着行业的红利期结束，资源都向头部机构聚集。这景象与 2015—2016 年间发生的 5 次"互联网大并购"如出一辙——从此，大小互联网巨头各占山头，平台型机会几乎消失，优秀的创业公司几乎都逃不脱 BAT 和 TMD（头条、美团、滴滴）的触角。

"几乎所有的好项目最终都会在这个寡头化的网络内被消化掉，比如朱啸虎想给自己的项目找下一轮融资，他可以直接找腾讯负责战略投资的老大沟通。"黎远说。

如此一来，新人的作用越来越集中在前端的发现资源层面，做渠道源的整合，角色就像半导体里面的传感器芯片——获取数据、清洗数据，而后端的核心处理部分几乎遥不可及。

更坏的消息是，在这样一个本就没有给新人留下多少空间的行业里，供需关系变得越来越扭曲。

理想的情况是，进入 VC 行业的新人增量与行业自身需求的增量能够保持增速一致。但实际上，越来越多的人进入这个行业，而行业本身的增长却大大放缓。所以，大量新人在争夺有限的机会，更别提那些由头部机构提供的凤毛麟角的机会。

可以说，现在的 VC 行业对年轻人来说机会窗口已经消失殆尽。

出走的投资人

在 VC 行业自身存在的信息不对称下，一头是四面而来的年轻人兴致勃勃地涌入行业，另一头却是行业里的年轻人陆续出走。

"做投资意味着你在做一件自己无法控制的事情。"曾经有过两次创业经历的吴青之前一直对自己的业务保持掌控度，并且享受于此。

但显然 VC 并不是这样。"你对一个项目接触的深度是由老板决定的，如果老板不看好，你也就没办法继续跟进。"这不仅是吴青一个人的感受，而是投资机构里执行层的集体尴尬。

但即使一个年轻投资人可以独立于合伙人自己对项目进行判断，掌握决策权，他自身的能力在一次成功的投资里又能起到多大作用？

"60% 的运气、20% 的资源、10% 的努力和10% 的天赋。"这是黎远给出的答案。

胡博予在 DCM 时遇到了快手，而如今再谈起这个明星项目，他也毫不掩饰地承认："投进去纯属运气，动作快，而且如果当时能成功见到美拍的人，说不定就投了美拍。"

投资人都不否认理论和逻辑框架的重要性，只不过，在个人能力面前，他们几乎都更强调运气和大势。这让投资这件事本身就变得难以掌控。

而想要摆脱这种难以掌控所带来的不安的人，离开了。

吴青选择进入一家 FA。"做卖方的话手下过的项目会比较多，一个个项目推进下去，总是会有些成果。"相比投资，FA 拥有一个更加标准化的流程。吴青觉得，只要每一个环节都做到位，推进到无法推进为止，即使失败也没什么遗憾。"至少我明确地知道我是这个项目的掌控者。"

比起没有掌控感，学习曲线放缓则更让戴康焦虑，而这也成了他离开 VC 的主要原因。

随后，他加入了他参与投资的第一个项目，他选择的职位是 CEO 助理。"CEO 需要汇集所有需求、了解所有信息、快速做反应，所以他一定是在迅速成长的。那么，我会假设离 CEO 越近，成长曲线越好。"

同样选择加入 portfolio 的王岩倒是没有太多不安和焦虑，他只是想做点冒险的事情。"我骨子里总是有一股蠢蠢欲动的东西在作祟，我没想过做一辈子投资人。"

"投资人创业"一直是个有争议的话题。

大多数人认为投资人不适合创业，连王岩自己也承认这一点："投资人习惯于考虑风险、分散投资，没有人愿意把所有钱'all in'在一个项目上。但创业就是'all in'，赌上你的事业。"所幸天性乐观的他早已经想好了冒险的后果："大不了公司没做成再回来做投资就是了，这件事的最不好的结果对我来说是完全可以接受的。"

当然，从投资人变成创业者，要承担的不仅是风险，还有思维方式和工作方式的完全转变，这给他们带来很大的挑战。

在创业公司的两年让戴康变得更加务实："在 VC 的时候，我都是在理论上解决一个问题，但在创业公司我需要把这件事执行到底，会把一个理论上的问题无限拆解到最小单元的维度，在每个维度上给出解决方案。创业公司需要执行，所有不能给出最后解决方案的行动、策划、接触都是无效的。"

而对于王岩来说，他遭遇的是"带团队"方面的挑战。"投资都是单打独斗，自己做好判断就可以了，像一个猎手，但做一家创业公司的 COO（首席运营官）意味着你要做羊群中的头羊。"

昔日的投资人在创业公司的每一天也在面临新的焦虑。正如许多创业者的感受：创业就是和时间赛跑，公司每天都面临着生死考验。而对于做出选择的投资人来说，这大概又会是一段焦灼但投入的时光。

迷茫中的自我救赎

尽管不少投资人的热情和坚持被焦虑、不安、迷茫、失望蚕食，但也依然有很多年轻人对这份职业爱得深沉。在被挫败拽入谷底后，他们总是选择看到希望，然后拍掉身上的尘土，再次出发。

如今入行三年的周奕已经辗转过两家投资机构，投出过数个估值在 1 亿美元左右的项目。他说，"目前对这份职业很满意"。但实际上，这几年他也并非一帆风顺。

前 5 个月里，周奕一直处于认知和判断缺失的阶段。"当时我没有自己的观点，没办法从自己的过往经验来判断一个项目好不好，非常依赖于同事和老板的反馈。"但他一直在调整，试图把自己从迷茫中解救出来。

第六个月，周奕终于鼓起勇气自主地推了一个项目上去。这个

"第一次"是他强迫自己学会下判断的开始。"合伙人给了像我这样的年轻人很多本不该给予的权力和责任，这逼迫我不得不提前成长。"这种成长虽令人痛苦，但也帮他更快地看到希望。

周奕变得更加努力。2015 年下半年，已进入第二家机构的他花了大半年时间，把自己所关注的领域内的所有项目几乎都看了一遍。他开始对行业有了自己系统的判断，尤其是对市场上被疯狂追捧的项目也有了不从众的观点。"现在，至少在我关注的领域内，合伙人都会相信我的判断。"

巧的是，在这个时间节点上，他在第一家机构出手的项目也开始有了或好或坏的结果。"我突然意识到，自己就这样度过了那个急于靠投项目证明自己的阶段。"

角色的转变让周奕的思维方式开始更加接近一个成熟的投资人。"我会开始更加关注项目自身能不能赚钱，或者是不是一个能够 save the fund 的项目。"看着三年间发生在自己身上的变化，他更加坚定地要在这条路上走下去。

但跟周奕这样能够自己拿项目，甚至能跟三四家机构的 VP 一起抢项目的投资人相比，许扬杰就没那么幸运了。

"将近两年的时间里我推的项目老板都没有投。"并且，由于机构自身投资方向的转变，他所关注的市场对于公司来说变得不那么重要。"整个 2016 年，我几乎都在休息。"

虽有焦虑，但他并没有对这个职业丧失信心。投资人的身份让他可以不断接触那些"最聪明的人"。并且，因为在投项目上没有了压力，他可以不带目的地、轻松地与这些聪明人交流。"我对今日头条很感兴趣，就通过各种方式认识了二三十个头条的人，把这家公司彻底了解清楚了。做投资不一定非要到处聊项目，一个典型案例同样可以给自己带来很多收获。"

虽然暂时离开了 VC，戴康言谈间依然流露出"很可能过几年又回来了"的憧憬。"当时我跟我的老板商量过，他建议我去一家创业公司锻炼一下，这样如果再回来做投资人的话，也能更好地理解公司。"

吴青也是如此。"做过 FA 之后再回到买方，会更有耐心应对那些不可控的事情，好好等待机会。"

想要留在行业里的投资人不得不把自己的心练得坚硬又平和，让它能抵抗情绪的干扰，这是他们让自己走下去的方式。

胡博予说起自己在 DCM 时的感受："那时我还处于 VC 成长曲线的早期，特别兴奋，喜欢的项目就拼命推。我想不起来当时推过什么不靠谱的项目了，肯定推过，被合伙人给毙了。当然也有比较靠谱的，比如滴滴、知乎之类的。但人就是这样，会选择性地记住好公司，同时遗忘烂公司。"

VC 到底值不值得年轻人投身其中？没有人可以给出一个结论，每一个参与其中的人都是冷暖自知。不仅是对财富和功名的欲望，还有对知识和成长的渴求，这一切都推着一群年轻人在资本的潮水中不断向前求索，哪怕他们看不清前方到底是什么。

这些前赴后继的年轻人，想要参与到这个激情四射的商业世界中来，而他们中的一些人，也正在真切地影响着这个商业世界的样貌。

而对于更多人来说，无论是咬紧牙关坚持，还是灰头土脸离开，哪怕只是参与过一场充满想象力的厮杀，也足够了。

注：应部分采访对象要求，文中梨远、周奕、王岩、戴康、

吴青、许扬杰等均为化名。

| 精选留言 |

汪天凡Will：

这一系列文章可以淘汰浮躁的人，却无法撼动一个在周期里准备好长期战斗的人。做VC这行的年轻人，如果真有一天"看清"自己的状态，就把自己当作"internal FA"①的话，那么他将会在最优秀的伙伴、最优秀的创业者、最有影响力的财务顾问面前，失去所有尊严和职业道德，一点价值都没有。

星橦@凡卓资本|小饭桌：

不应该站在道德制高点来误导新人，没有谁的成功是一步到位的。引用大佬的一句话："大家都需要在既有的投资逻辑上按模式来做，然后建立并升级自己的投资逻辑。"所以"internal FA"也不丢人，也不是毫无价值。这是个螺旋上升的成长历程，需要不断地有反馈来进行复盘。而开枪，是获得反馈的第一步。

陈悦天：

行业里对于一战成名的故事渲染得有点多了，大部分现在出成绩的投资人都熬了很久。比如朱啸虎，当年拉手上市失败时，大家都没看到

---

① "internal FA"指不断寻找项目、在内部推动项目，把价值判断交给合伙人来把关，工作标准/满足感来源于"今年推动了多少个项目"的像FA一样的VC。

他；比如PPG和凡客的投资人的落魄样子大家也没看到，人家现在都是大佬了。谁都有苦的时候。

谢晨星：

2008—2009年全球经济危机来袭时大家都以为整个VC行业要玩完，结果2011年移动互联网爆发；2012年IPO关闸大家又以为VC行业要玩完，结果2013年手游、O2O、互联网金融三连击——焦虑？你只是经历得周期太少。

38 博弈，抢夺，做市，闷声发财的FA①

2000 年 4 月，对大多数经历了世纪之交的中国人来说只是一个普通得不能再普通的月份，但对于刚刚创办易凯资本的王冉来说，却是愁云惨淡的一个月。美国互联网泡沫的破裂传导到中国，让开张就无生意可做的王冉，不得不把办公室从国贸搬到了华润大厦。五个合伙人走得只剩下三个。

此刻的他，除了感慨时运不济，可能并没有想到这会是他往后十几年里成功的开端。在这个中国互联网的黄金时代，许多人的命运正在不可逆转地发生改变：有的人在纳斯达克敲钟，有的人还来不及挣扎就被巨头吞噬，更多的人被技术变革拍到了断崖上。而王冉所开创的风险投资财务顾问行业，被资本的浪潮推到了这个时代的风口浪尖上。

就在王冉创立易凯的同一年，刚做完中国联通IPO（首次公开募股）项目的包凡，一战成名。离开摩根士丹利出任亚信首席战略官的他当时可能也不会料想到，自己之后创办的华兴资本会发展得如此顺利，疯狂攫取了移动互联网浪潮的大量红利。这些年来，几乎每一个

---

① 本文为"42 章经"为这个创投时代做记录的第二篇群像特写，作者张雨忻。不一样的职业，一样的拼搏与焦虑，谨以此文致敬那些曾经或正在这个行业中奋斗着的人。

上规模的互联网企业并购案背后，都有他的身影。

彼时，易凯、华兴和汉能，堪称"三巨头"。但这仅仅是 FA 行业的开始。在它们如日中天的 10 余年中，一场裂变也正在酝酿着。或是"分赃不均"，又或是行业走到了拐点。2012 年开始，"三巨头"里的老臣们相继出走，自立门户。

2012 年，宋良静出走汉能，创办泰合。在接下来的 5 年时间里，这位毕业于大连海事大学的创始人带领不过 10 余人规模的团队撮合了接近 50 亿美元的交易，声名鹊起。

2014 年，产品经理出身的周子敬离开华兴，创办以太，开创了另一套玩法——抽出交易撮合流程中适合标准化的环节，让 FA 业务的前端平台化，提升信息匹配效率。如此一来，那些有一定业务能力却缺乏业务资源的年轻人从此有了机会。毕业生、媒体人、产品经理们纷纷涌入。

纵然，在这一波轰轰烈烈的创投大军里，不过千余人规模的 FA 群体是一个不那么引人注目的存在。但斡旋于创业者与投资人之间的他们，却在"闷声发着大财"。

黄金时代下的掮客们

和 10 年前 FA 业务只是少数精英的游戏不同，2014 年是大量草根 FA 的入行之年。

2014 年恰好也是移动互联网创业的巅峰期。在这一波商业浪潮由盛转衰的前夕，初创企业急剧增多，交易极其活跃。

与那些同龄的创业者和投资人一样，年轻的 FA 们也在分食行业红利,快速成长。而不同的是,按融资额赚取一定比例交易佣金的 FA,大概是这其中来钱最快的那一群人。在这个时间点及时"上车"的青年 FA,仿佛看到了一片可供满地捡钱的新大陆。

2014 年,杨琳离开了咨询行业,进入了一家 FA 机构。

"当时市场很热,资金非常多,而我之前一直深挖的行业又恰好迎来了风口。"杨琳现在回忆起那段日子,仍然掩饰不了眉眼之间的得意,"那时候真是太顺了,头两个月就完成了两个项目,一年的时间大概完成了 10 个项目,入职不到一年就做了组长,是公司里晋升最快的新人了。"

当市场繁荣、项目好、向投资人推送案子又足够精准时,一个项目在一天内签下 TS 都不奇怪。但若赶上资本离场、项目又缺乏亮点的时候,一个项目做上大半年甚至一年多,也是常有的事。对于早期市场来说,能在一年内完成 10 个以上项目的 FA 已经算得上行业的第一梯队。

性格外向的杨琳非常享受这份工作。她喜欢与投资人保持高频沟通,既了解他们的投资喜好,也获取行业信息,为此经常"一天三餐都在饭局上"。

当时的她大概丝毫没有意识到,这份日渐膨胀起来的志得意满的背后,是市场的一把虚火。2015 年年末,泡沫开始破裂,让整个 2016 年都陷入了低潮。

2015 年年中才入行的王梓刚好赶上了这次大退潮。此时,大家发现好项目变少了,投资人出手频率也降低了,项目交割变得越来越难,一堆"过气风口"里的项目变得无人问津。

"去年下半年帮一个项目融资,一天找了十几家机构,挨个电话详细沟通，最后也只有两家愿意见面聊聊。但一般来讲，我推的项目在排会阶段的转化率是能达到 70% 的。"说起那段经历，王梓颇有些沮丧，他的不少项目在见过一次投资人之后都没了下文。"都说团队不错，但就是还得再想想，都不太愿意在内部把项目继续往上推。"

很多 FA 都遇到了同样的问题，"发了一整天微信却连一个会面都没约上"的失望逐渐成为家常便饭。不仅如此，在向后续环节层层推进的过程中，转化率也非常低，哪怕拿到一个 TS，被撕毁的概率也比往常高了许多。这成了不少 FA 在 2016 年必须面对的日常挫败。

所幸，2017 年，市场又开始重新躁动了起来。但有趣的是，资产质量并没有明显改善，"人造风口"批量出现，不少机构迫于业绩压力到了不得不出手的阶段。好几位 FA 都告诉"42章经"："今年很多机构不管怎样也得投几个了，不然没法跟 LP 交代。"甚至，一些 FA 把"给刚完成募资的机构推项目"变成了一种市场策略。

尽管市场难以重回两年前的黄金时代，但很多在 2016 年把更多时间花在行业研究上的 FA，依旧选择再一次迅速跳进市场的洪流中。

一次刚结束一个会议的王梓对我说，"跟你聊完我还得去开另一个会"。除了睡觉，他现在几乎把所有时间都给了工作。"我可以在出租车上吃饭、开电话会、休息。最忙的时候，一周可以在出租车上吃三顿中饭。"

这种忙到失控的生活方式，换来的是触手可及的成功和立等可取的一笔佣金。

2014 年和 2015 年是 FA 们能够轻松赚到钱的年份，资本市场疯狂，但 FA 同业竞争尚且温和。

杨琳在这一年里赚了 100 多万元，对于做早期项目的 FA 来说，"算是非常不错了"。她估算了一下同事们的收入:"行情还不错的年头里,年入40万~50万元是平均水平,收入最高的FA大概能赚差不多200万元。"对于毕业两三年的年轻人来说,能够达到这种收入水平的行业并不多。毕竟,北京的平均年薪还不到10万元。

通常,FA的收入由基本工资、年终奖金和项目佣金三个部分构成。跟其他销售属性的岗位一样,项目佣金分成占了收入中的最大部分。

在早期市场里,FA机构分得的佣金比例通常在融资额的3~5个点,轮次越往后、融资金额越大,机构的分佣比例越低。有时,如果项目质量非常好,佣金会再下调,这通常是FA机构给优质创业者的"折扣",以作为争夺项目的筹码。

在一家早期FA机构工作的刘艺提供了更具体的数字:"通常融资额在1 000万元以下的项目分佣比例不会低于4个点;2 000万~3 000万元的平均是3~4个点;3 000万元以上的拿3个点以下。也可能会设置一个梯度,以3 000万元为界,超出部分再谈一个更低的佣金比例。"

当然,这只是机构能够从一笔交易中赚到的钱,执行项目的FA们需要跟公司再分一次账,而这个比例也因不同的机构和融资轮次而差异巨大。跟几家早期机构都比较熟的周亦晖告诉"42章经":"有的机构能给个人分50%,这是针对非常早期的项目。分20%是比较常见的,再少的话,只有10%。"

所以,FA的高收入也非绝对。对于做早期市场的FA来说,机构几乎不另发年终奖,而他们的基本工资跟其他互联网从业者相比并无优势——新人月薪大多在1万~2万元之间,拿8 000元的也大有人在,发财几乎只能靠佣金。对于那些一年只能完成一两个早期项目的FA来说,收入恐怕还敌不过一个大厂的产品经理。

但对于中后期机构里的 FA 来说，就是另一番景象了，这是一个能批量生产隐形富豪的地方。

梁宁曾供职于"三巨头"中的一家，他回忆起两年前的行情："这三家差别不大，分析师的月薪大概是 2 万元，投资经理月薪 3 万~4 万元，副总能拿到 6 万——这仅是基本工资，年底还会有奖金。"

"哪怕一年下来一个项目都没做成，也有 40 万~50 万元的收入。"梁宁对这份工作的收入感到满意。并且，由于中后期项目金额较大，一旦完成一个项目，佣金收入会非常可观。

他分享了一个自己参与的项目："6 000 万美元的融资额，公司收了两个点佣金，然后把这 120 万美元佣金收入中的 10 个点分给我和另一位参与项目的同事，我大约分到 40 万人民币。"对于一年平均能做三四个项目的梁宁来说，彼时的年收入已经达到 120 万~150 万元。入行没几年，梁宁就去北京的东四环买了套房。

但对于那一批行业裂变下冒出头来的精品 FA，佣金的概念开始被弱化，"董事总经理以下的员工通常是不拿佣金的，"梁宁说，"公司会根据一年的收益情况在年底给大家发奖金，你如果多参与一个成功完成的项目，就会多给你分几个月的奖金。"这笔奖金能有多少？"做得最好的精品 FA 机构，一年可以实现一个亿的收入，10 个人左右的团队来分，你算算吧，怎么分都不会少。"梁宁笑了，言辞间多少有些羡慕。

微妙的三方博弈

在这个"赚快钱"的行业里，浮躁之风开始蔓延，以至"不过就是利用信息不对称赚钱"成为一种流行的指责。对于这样的评价，有一些FA不以为然。

实际上，这个"对接资金和项目，撮合交易"的工作没那么简单。在交易达成之前，投资人与创业者之间有非常多的利益冲突，这是周旋于其中的 FA 每天都要面对的博弈局面。

在这个微妙的三方关系中浸泡了三年多的许晓丹有些感慨："花了好长时间才开始明白什么叫真正的'deal maker'（交易能手）。"对于刚入行的 FA 来说，卖方财务顾问的身份让他们总是习惯于站在创业者的角度想问题，"凡事都想着为创始人争取最大的利益"。

但实际上，投资人的利益同样重要，"deal maker"的关键是让双方利益达成一致，真正匹配上。"双方对一个交易的预期在最开始一定是不一致的，要在沟通的过程中缩短双方认知上的差距，将他们拉向可交易的那个平衡点。"想明白这个问题，许晓丹花了一年半的时间。

大部分时候，买卖双方都有着自己的"隐性诉求"，中国人不习惯直来直去，喜欢藏着掖着。也有时候，买家和卖家甚至根本不知道自己的核心诉求是什么。所以，FA 需要帮创业者梳理项目，将他们口中一堆零散的信息点，加工成一个用投资人的逻辑和话语体系可理解的"投资标的"。

为了让创业项目信息更加标准化，不同的 FA 会采用不同的方式。

有的 FA 擅长包装项目，能讲出一个投资人爱听的漂亮故事，这无疑是创业者希望看到的。但有判断力的投资人也一定会多问一句——公司现在已经做到的是哪些？过度包装有可能引起投资人的反感。

另一类 FA 倾向于做接近事实的描述，从最开始就控制创始人对于估值的预期。王梓便属于这一类，他也明白"完全的实话实说一定会影响到项目的估值"，所以他有自己一套对项目进行加工的方法："如果是早期项目，我会最大限度地去挖掘项目的'上升空间'，让投资人看到可能性，但同时也告知他潜在风险，让他自己去判断。如果是偏成长期项目，我会从运营数据上帮创始人找亮点，比如用户增长、留存率、增速等，放大数据中已经表现出来的优势。"

"讲一个双方都能够认同的故事"是 FA 要做的第一件事，第二件事则是为这个故事寻求一个双方都能接受的价格。

但恰恰在这件事上，创业者和投资人冲突不断。针对融资额和估值的谈判是双方博弈的焦点。

"有的创始人对估值预期很高，特别固执，甚至出尔反尔地抬高价格，他们的融资成功率往往不高。"在估值上不让步的创业者让刘艺有些苦恼。

对于这样的创业者，许晓丹倒是有些经验了。"第一次与创始人见面时，我就会基于自己的交易经验告诉他一个大概的市场价格，哪怕他不接受，这也会成为他在后续谈判中的一个参考。"在每一轮沟通中都去做"预期控制"，是许晓丹一定会做的事情。

接触的项目多了，刘艺也开始意识到，真正想融资的创始人一定会根据市场预期来调整估值。"碰到执意不想调整估值的创始人，他可能也没那么缺钱，我可能会劝他暂停融资，先去跑跑业务，等到数据能撑起这个估值后再来融资。"

其实，在长达数月的融资过程中，FA 与创业者之间的摩擦同样屡见不鲜。

不肯抽出时间见投资人、不按事先约定好的话术去跟投资人沟通、对投资条款非常苛刻，这些都时常让 FA 感到心力交瘁。

最糟糕的，莫过于他们会对投资人撒谎。

隐瞒真实数据是最常见的一种，这会导致投资人在进场尽职调查之后直接撕毁 TS。此外，夸大团队背景的情况也经常发生。"一个不愿配合的创始人，不仅是在某一个方面不配合，他一定是多方面的不配合。"刘艺一脸无奈。

并且，很多创业者会在事成之后向 FA "砍价"，如此一来，"顺利收取佣金"也成了 FA 的一项必备技能。

杨琳对这件事想得明白。她觉得这就是一个去找客户兑现自己所投入的精力和成本的事，天经地义。有时候的确是创始人自己找到了投资方，那么"我会跟他解释我都做了哪些服务，然后重新谈一个双方认可的价格"。

蓄意赖账，或毫无理由地砍成半价，也是常有的事。"FA 如果跟投资人关系好，会借助这一方的力量来向创业者施压。但如果创业者执意要赖账，我们也毫无办法。"最让刘艺无法理解的是，"很多都不是大额项目，总有格局不大的创始人就为了区区几十万元，搭上自己的信用"。

来自投资人一端的麻烦就少多了。除了"发微信不回""融资过程中绕开FA直接跟创始人沟通"的投资人会给身为中介的 FA 带来小小的不愉快，比较棘手的问题是，该怎么安抚那些"特别想投却没机会投进去的投资人"。

王梓有他的经验："给投资人画饼。比如许诺在下一轮给他留几个点，或表示会说服创始人融一个'+轮'，也可以先尝试操作一个可转债。"大家套路不一，但都有一个共识：维护关系很重要，至少要说服他不要去投竞争对手。

实际上，这场三方博弈里也并非只有对抗和冲突，还有一种更微妙的存在——利益输送和绑定。

这个行业内的某些FA会拿出佣金的一部分，分给项目的老投资人，作为介绍项目的佣金。更有甚者，会许诺分成给新进投资机构的关键决策人，或者是项目的创始人，这就有很多道德甚至法律层面的风险。

"FA向项目的引荐人返点的做法在行业内很普遍。但不管怎样，都得基于一定的信任关系才能做。"周亦晖告诉"42章经"。

暗流涌动的争夺

如果说与创业者和投资人的博弈是FA的日常，那么发生在同行甚至同事之间的明争暗斗便是FA在开工前的"热身"。这个行业离钱太近，争夺起来总是毫不客气。

对于平台型的FA机构，内部争抢更加不可避免。因为平台的本质是一种规则，大家在这个规则下自由竞争。另外，平台型机构多为KPI导向，上项目的量、拜访量、交割量都计入考核。为了达成KPI，一些FA难免不计手段地把自己知道的所有项目都划归到自己名下。

周亦晖曾在一家平台型机构工作，对内部的明争暗抢深有体会。

比较温和的，莫过于开诚布公的沟通——如果一个项目在归属到某人名下后却迟迟没有下文，其他想做这个项目的同事可以跟归属者沟通，看看他是否愿意把项目让出来。但是，这样的和平谈判少之又少。"大部分时候都是一个招呼都不打就开始做别人名下的项目了。"周亦晖说。

"判定归属权的依据是看谁先把这个项目录入库中。但有时你还没来得及录入，项目就被撬走了。"性格温和的周亦晖疲于应对，"我正在跟某个项目接触，同事打听到这个事情立马动用老投资人的力量把创始人拉拢过去，甚至不惜在背后诋毁我。"

资源到底是谁的，永远也说不清。王梓也目睹过好几次争吵："如果说谁把创始人的电话录进系统，项目就算谁的，那可能发生的情况是——创始人有两个电话怎么办？我找的创始人，你找的总裁怎么办？"

尤其，当好资产难寻，FA 行业本身又在膨胀的时候，这种争抢就更加白热化了。和同事抢、和好朋友抢、和自己的入行导师抢，甚至和自己的男女朋友抢，都不奇怪。

一个项目"准备融资"的窗口期变得越来越短。"比如我们前天聊了个项目，昨天琢磨了一下，没立马给创始人回复，今天就得知被其他 FA 签掉了。"周亦晖最近刚刚错失一个项目，为此他懊恼不已。

但这种局面也不是完全无法挽回。有的 FA 会选择"拿自己身上的资源直接砸创始人"。比如，快速锁定 10 个投资人，把感兴趣的投资人一个个摆在创始人面前。"一般创始人不会拒绝这种免费的机会，只要这 10 个投资人里有人能跟创始人达成合作意向，这个项目大概率就能被抢过来了。"

很多时候，好项目一露头，几乎所有关注这个领域的 FA 都会去抢。这时候，好的 FA 需要在有限的头一两次沟通中向创业者证明自己的专业能力。

"从接触开始，到后续做材料、设计路演策略、保证路演转化率、条款争取、完成交割等一系列环节中，你不能有明显的能力短板。"这是王梓眼中的一个早期 FA 需要具备的素质。在此基础上，如果能提供足够专业的行业理解，或展现出自己在投资机构的关键决策人那里的影响力，一个项目就能十拿九稳了。

而对于真正的明星项目来说，FA 不仅在跟同行抢，也在跟 VC 抢。如何让那些不乏投资人追捧的项目心甘情愿地为 FA 的服务付费，对 FA 来说真是一项挑战。

成功接触本身就是一个难题。"厚着脸皮，尽一切可能创造见面的机会"是王梓的套路。"会看创始人的朋友圈，研究他的爱好和行踪。他如果喜欢跑步，我就约他跑步；如果知道他今天下午要去机场，我就找机会送他去。"

但关键还是，得挖掘出创始人心中最核心的却没有说出口的那个需求点。"是更高的估值，还是出让更少的股份？是需要战略资源，还是必须引入一些特定的资方？又或是对交易结构有特殊的要求？厉害的 FA 就是能在最短的时间内找到这个点。"

不可否认的是，如果不把融资过程中大量烦琐的沟通性和事务性工作交给专业的 FA 来完成，像摩拜单车这样的明星项目，很难在一年时间里完成两轮甚至三轮大额融资。

TMT 领域的创业者经过几年的市场教育，对 FA 所能提供的价值已经做到心里有数，所以只有真正技能过硬的 FA 才可能拿到最头部的项目。而所有的争夺，都是丛林法则的残酷演绎。

一步之遥的 TS

一切的同业竞争和三方博弈，都是为了得到那一张让交易双方都能满意的投资意向书。为此，FA 们每天都生活在巨大的不确定性中，殚精竭虑。然而，失望总是常态。在一个项目顺利走向"打款"的过程中，每一个环节都存在转化率上的损耗。而这其中，投资人在临门一脚时的犹豫不决，甚至最后关头撕毁 TS，恐怕是最糟糕的了。

2016 年，FA 推项目开始变得困难。一家知名机构的 FA 抱怨道："有时候一个项目推 100 多个投资人都没有一个人愿意出手。虽然排上了会，但转化到投资意向的少得可怜。最后即使给了 TS，被撕毁的比例也很高，估计有20%的概率。"

稍微老练一些的 FA，心中都有一张投资机构的"黑名单"：总有一些机构给 TS 给得很随意，但说撕就撕，没什么原因，这会让 FA 怀疑自己的判断力。刘艺就遇到一回，项目本来做得很顺利，一个多月就拿到了 TS，但最后关头却被无故撕毁了。她只能急急忙忙给创始人"找备胎"，但也没找到。这最终也成了她 2016 年唯一失败的项目。

遇到刻意压价的投资人，胜算将大大降低。

王梓经历过一次这样的谈判：看到 TS 后，他立马决定跟机构重新沟通估值逻辑。面对这个消费类的项目，机构也确实给出了一套估值的逻辑——按照"销售收入 × 净利润率 × 同类上市公司 PE 倍数 × 私募股权市场的一个折扣"给出估值。

"我拉上我的同事，按照投资人的逻辑连夜准备数据，给出不同的业绩预测和对应的不同估值。可是，忙了一个通宵，对方仍然把每一项数据都往下压，王梓终于意识到，他们就是故意要压价。"

最终，谈判破裂，签好的TS 成了一张废纸。

这不仅对 FA 来说是糟糕的，创业者也可能会被拖入困局，哪怕几个月后能够找到钱，瞬时的资金短缺对争分夺秒的创业公司来说也是致命的。王梓一直疑惑不解："是否应该冒着交易做不成的风险去帮创始人争取合理的估值？我到现在也没有想清楚。"

为了提高融资的成功率，FA 都会尽量帮创业者"找备胎"。而有趣的是，一旦好几家机构都产生意向后，FA 便有了帮创业者"做市"的机会。

营造市场的情绪，FA 们深谙此道："可以拿着 A 投资人的 TS 去敲 B 投资人的门，让 B 投资人产生紧迫感，从而在价格上暗暗较劲。"的确，早期项目都是非标资产，难以进行科学估值。当供需关系发生变化，资金变多、好资产变少，那么后者理应拿到更好的价格。

然而，好价格的标准是什么？"越高越好"是个误区。

王梓认为，如果创始人愿意花足够多的时间去见足够多的机构，一定可以拿到比现在价格更高的意向书。融资固然重要，但只是创业过程中的一个节点，以最高的效率找到最合适的钱，才是理想的结果。

"关键还是要带创始人见到这个领域里最合适的机构，这样才更有可能在其中选出最匹配的报价。"这是梁宁的原则。对爱惜羽毛的 FA 来说，"肆意抬价""虚假报价"是大忌，"投资人的圈子很小，他们一打听就知道是怎么回事"。

"下一个三年"的焦虑

做 FA 是一个可以让人在短时间内快速获得成就感的事情。每日游走于投资人和创业者之间，跟金字塔尖的 1% 的人做朋友，赚聪明人的钱。

杨琳一度非常享受跟投资人谈笑风生的生活。"认识大佬很有成就感，说明自己的专业度是被认可的。"那时候的她意气风发，甚至有些自负，"大家都找我探讨行业问题，这让我觉得自己看问题的角度都比同行准一点。"

同样享受这种状态的还有周亦晖。对于常年合作的投资人，他愿意花费时间跟他们泡在一起，"吃饭、喝酒、打牌、聊天，最重要的还是交换信息"。这样的社交活动大约会占据他五分之一的时间。他喜欢这种大量接触市场信息的感觉，既能满足他的好奇心，又让他有一种安全感。

最刺激的还是做成一个项目。而如果这个项目恰好是市场上的头部项目，或是长期被别人忽视和低估的项目，又或者跟创始人建立了深度信任关系，这种成就感的刺激便来得更加猛烈。

但是，成就感和焦虑感又总是在快速地切换着，为了交易成功的那一刻，FA 的每一天都要面临巨大的不确定性。"有时候，头一天晚上还在为一个做不下来的案子焦虑得睡不着，早上却看到投资人的一条微信——投委会讨论了一晚上，内部通过了项目，愿意投。简直是柳暗花明。"这是王梓的日常工作。

他们的成就感往往也很短暂，来得快，去得更快。"做完项目拿到钱的时候恨不得狠狠挥霍一番，但其实也就能高兴那么几天，因为你手上永远有一堆还没做出去的项目。"比起新人，入行三年多的许晓丹已经不满足于偶尔一个项目的成功，她渴望的是持续不断的成功所能带来的刺激。

而当成功积累到一定阶段，倦怠感又开始滋生。"找项目、聊项目、帮老板管项目，当初的新鲜刺激变成了没有惊喜和挑战的重复劳动。"在一家老牌 FA 机构迎来职业生涯第三年的梁宁，不可避免地进入了舒适区。

对于做早期市场的年轻 FA 来说，焦虑感明显更加强烈。他们中的一些人开始不太认可自己的价值，为个人成长感到忧虑。而这些人，入行不过才一两年。

"有时候我们提供的只是一层很表面的服务，却可以向创业者收取那么高的费用，这个事情本身就是不可持续的。"周亦晖对自己的未来有些许的担忧。市场现阶段的信息不透明以及定价权不明确给 FA 行业带来了红利，但从长远来看，竞争加剧会压缩 FA 行业的溢价空间，而积累服务能力才能沉淀为口碑，转化为生意。

早期项目对"服务深度"的要求不高，1~2 年时间足以让一个足够勤奋和聪明的人积累起一定的资源，然而很快，他的成长速度将会快速下降。

而从实际回报上来看，B 轮前早期项目的融资规模最多能达到 5 000万~8 000 万元，一年下来能服务 4~5 个如此规模项目的 FA 已经属于"顶尖销售"。但是，随着时间推移，他所能服务的项目在规模和数量上就很难再有明显突破了。这是一层难以突破的天花板。

于是，年轻的FA们开始为自己的"下一个三年"筹谋规划，但他们的选择并不多。

如果还想继续做 FA，就往后期市场走，做规模更大、更复杂的项目。后期市场不具备规模经济效应，又非常分散，这给了小团队各占山头的机会。近几年来"小而美"的精品 FA 机构如雨后春笋，像光源等后起之秀已经声名鹊起、锋芒毕露，这些机构成为早期 FA 向后期市场过渡的最佳选择。而随着优秀的 FA 往后期走，早期市场也总是能在新陈代谢中，给新人留出机会。

个人 FA 是一个更终极的选择，能直接将自己的技能和资源变现，闷声赚大钱。而且，无论是在挑选项目，还是在利益分配上，都能更加灵活。不久前，梁宁就放弃了一个精品 FA 团队的邀请，拉上几个朋友自己单干了起来。"给合伙人做执行已经不适合现在的我了，我需要更多选择权。"

但还有相当数量的 FA 有着强烈的身份焦虑，他们不认为 FA 是一种能一直做下去的职业。

入行第二年的杨琳虽然既赚了钱也获得了晋升，但成就感已经消退得差不多了。穿梭于各种饭局中的她渐渐意识到自己其实就是个信息的搬运工："没有进行系统化的研究，认知依然都是别人的。"这时候的她，萌生了去买方的念头。

周亦晖也琢磨着去做 VC。"如果不做深入的行业钻研、不做足够的复盘总结、对每一个项目的拆解不足够细，你的专业度永远无法得到提升。"

两者相比，买方的思维方式是网状的，判断标准是体系化的；而卖方的思维方式是点状的，判断体系往往是碎片化的。"找亮点"是 FA 判断一个项目是否可做的方式，"推动项目完成交易"是 FA 的目标，而这与"找到值得长期持有的资产"之间还隔着一套系统化的价值判断。对于极其看重个人成长的 FA 来说，"什么时候去买方"恐怕是一个无法逃避的问题。

最终，杨琳跳去了买方，用主动大幅降薪换来了愿意给出决策权的邀请函，因为她"最怕变成一个'internal FA'"。而杨琳所担忧的情况如今在投资机构非常普遍：投资经理变成发掘项目的前端，真正的价值判断却只与合伙人有关。

然而，如愿以偿的杨琳却感到一阵强烈的寂寞感袭来，曾经簇拥着她的喧闹声戛然而止。但在她身后，这场热闹的狂欢舞会还将一直继续下去。

注：应采访对象要求，杨琳、王梓、周亦晖、许晓丹、梁宁、刘艺均为化名。

| 精选留言 |

赵金鼎：

文章里的好多话都说到了我的心坎里。FA作为一种交易型中介，无论是主观故意还是被迫无奈，"达成交易"还是排在"价值判断"前面的。"没有进行系统化的研究，认知依然都是别人的"这句话鞭辟入里。

星橦@凡卓资本|小饭桌：

FA做的就是手艺活啊！手艺人要有尊严！店长和小工剪头发就不应该是一个价！我不觉得优秀的FA为了竞争项目应该自降身价，出门右拐有便宜的。2017年做得最便宜的项目就是这个叫"42章经"的公众号了，因为曲老师有面子。

39 互联网折叠

"你听说了吗？张峰自杀了。这是你们这批回来的人里第83个了吧？"王贤坐在创业大街上一家卖米粉的店里悄悄跟郑直说。

郑直抬头看了看他，说："这家粉不错，够辣。"

郑直是王贤的好朋友，也是这次从"第二领域"回来的人之一。或者说，是被驱逐回来的人之一。传说中每隔20年就会有一大批人被从上层领域驱逐回来，郑直没想到就让自己赶上了。

"我想去第一领域。"王贤突然坚定地说。

"那你要努力工作啊，你现在才25岁，再过10多年应该差不多。"郑直无精打采地回道。

这，是2186年的北京，整个城市被分成了三大领域。创业大街延伸出去的是第三领域，所有的互联网创业人员都在其中；望京延伸出去是第二领域，所有大中型互联网公司都在这里；最后就是所有的独角兽公司，环绕北京，坐落在各个城乡接合处，合起来称为第一领域。

据说一开始的时候，政府如此规划是为了便于管理互联网公司，但后来过了几年，发现所有的公司都变成了互联网公司，所有的人都变成了互联网从业人员，传统公司都已经不复存在了。所以干脆就把整个北京市都分割成了三大领域。所谓的创业大街已经覆盖了整个北京市的西南区域，而望京已经成为整个北京东北区域的代名词。

此外，为了整个社会的效率，在第三领域和第二领域工作的人都没有选择公司的权利。所有的人都按照职能被分到了工程师、产品经理、设计师等体系之中。每个人都不知道自己在为什么公司、什么产品做什么事情，只是机械地完成被分割好的任务。据说，这样可以避免重复劳动或不必要的竞争，所以可以让北京的互联网公司更好地和国外的公司抗衡。

并且，出于不知名的原因，不同区域之间已经禁止通行，要上升一个领域只能靠严格的筛选机制晋级，而每年大概只有万分之一的人能被选中。

如今，王贤和郑直就是在第三领域中对话。

"不，我是说现在，我现在就要去第一领域。"王贤这次甚至比刚才更加肯定。

"你疯了吧，你去干吗？"

"我现在就要创业，做CEO！"

"你真是疯了。"

在2016年的时候，整个互联网界有一次公司倒闭潮，以致很多独角兽公司也都没落了，人们称那一年为"大溃败"年。后来政府为了避免类似情况发生，研究了很久以后，决定禁止没有经验的人创业，所以规定要创业就必须从第三领域升到第二领域，再升到第一领域。有了独角兽公司的工作经验以后，才有资格创业。所以对于20岁出头的王贤来说，要马上创业就必须要尽快进到第一领域之中。

当然，这简直是一件不可能完成的任务。不同领域之间的通行证是居民手中的电子身份卡，身份卡中有个人的期权值信息。当期权达到一定程度以后，才能获得进入下一领域的通行证（期权也不再是和某个公司挂钩，而是和整个社会的GDP挂钩）。要靠正规途径马上积累到足够的期权值，对于刚毕业参加工作的王贤来说，根本不可能。

"我知道你有办法，我知道你不是正常升上去的。"王贤紧盯着对郑直说，"你这次被驱逐出来肯定是有原因的，你告诉我，不然我就说出去让所有人知道。"

"你疯了……"郑直一直重复这句话，最后终于执拗不过，把秘密告诉了王贤。

原来在这个时代期权是根据打卡时间自动计算的，打卡记录的工作总时长越长，年底分得的期权就越多。而郑直找到了打卡记录仪的一个漏洞，每天半夜2点是打卡记录仪的结算时间，只要过了这个时间打卡，就会被计入新一天的工作时间内。

于是之后的一段时间，王贤都每天晚上待到半夜两点，他会在1点59分打卡一次，再在2点1分打卡一次，这样在打卡记录仪中，王贤每天都工作23小时58分钟。到了年底，他成了整个第三领域中工作最勤奋的人，到手了大笔的期权和特殊奖励，一下子有机会跳过第二领域，直接进入第一领域了。

进入第一领域以后，王贤才知道为什么那么多人被驱逐回第三领域以后不适应：第三领域的人每天的法定工作时间是12小时，一周工作6天；第二领域的人每天10小时，一周工作5天；而第一领域的人每天只需要工作8小时，一周工作5天。此外，每个在第一领域的人，还都拿着高工资和期权。对于王贤来说，这里简直是天堂。

但王贤并没有想继续留下，他是想创业做CEO的人。于是，他到这儿的第一天就踏上了融资专车。在第一领域中，每天会有一辆班车，把想当CEO的人运送到国贸区域，这辆车就叫作融资专车。国贸区域内有一群年轻人，专门司职裁判，有权决定某个人是否有资格被批准创业并被授予投资。在国贸区域的这些年轻人，被称为核心领域继承者。

王贤下了车，刚走进国贸写字楼就被人带到了一个小会议室内。

"你看起来这么年轻，也要创业？"

"是的，我要创业。"

"你才刚来第一领域，回去吧，你不会被批准的。"

"为什么？很久很久以前，不是有很多人辍学都能成功创业的吗？历史书上都写着呢。"

"这个世界已经很久没有底层技术的创新了，没机会的。你还是回去吧。最近市场不好，第一、第二领域都在裁员，你好自为之。"

于是王贤就这么被赶了出来。专车开到国贸区域以外就把王贤和其他融资失败者放了下来。他们刚下车就被一大群人包围。

"要融资吗？渠道靠谱，童叟无欺！"

"免中介费，只收服务费！"

很多人西装笔挺，系着领带穿着皮鞋，把路堵得死死的。

在国贸和第一层的交界处，有很多这样的融资中介，他们专门拉拢从国贸出来的融资失败者们。他们会把这些人运到三元桥，那里有一个次核心领域，一般是些专门捡漏和碰运气的独立投资人。

王贤并没有兴趣给中介们解释他要做什么，他怕自己绝佳的点子被偷走，他觉得这是一个价值千亿美元的机会。于是，他又埋头回到了第一领域。

谁知道，王贤在第一领域工作了几周时间就再也受不了了。他的周围都是正常升到第一领域的人，大多是一群40岁以上的大龄工作者，而这些独角兽公司里也充满了各种规则。传统行业都变成了互联网公司，而互联网公司都变成了国企。

王贤突然怀念起了在第三领域每天工作12个小时的日子。他终于明白那些被驱逐回去的人为什么自杀了，他也终于明白为什么三大领域之间禁止互通了。

对于仍怀揣梦想的人来讲，年轻和拼搏是一种自愿的被剥削，对于失去梦想的人来说，继续拼搏是对他们最大的惩罚。

40 七个新基金合伙人的
闭门分享 ①

问题一：有一个在国内做过10多年的基金负责人说，最早他们参加活动时乱七八糟的报名单位有1 000多个，到现在活着的也就 30个。那现在的这批新基金，放眼未来10年，有多少能活下来？

合伙人 A：我们大概在2012年的时候研究过美国的数据，看了2000 年之后几年投资 TMT 的早期基金，发现募资超过 2 亿美元的全美国有200多家。而这200多家里面，在 2008 年之后又募集到超过 2 亿美元的，就只有不到80家。

合伙人 B：就是说，第一，这是一个小行业，不比二级市场那些人动辄就是几十个亿。第二，这个小行业不好做，做基金的第一个门槛实际上是募资，你有能力募到 2 亿美元说明你已经有专业能力了。但这些募到之后最后能活下来的也就是区区三分之一。

问题二：为什么做新基金？新基金可能有什么优势？

合伙人 C：第一，做早期投资新基金的决策流程可以更简化；第二，老基金的投资风格会偏稳健，新基金可能更容易抓到一些新的机

---

① 本文总结自"42章经"组织的新基金闭门研讨会中的讨论内容。文中做了匿名处理，并打乱了发言顺序，且对原内容做了大幅删节（原讨论时长超过 3 小时）。了解更多相关内容请关注"42章经"微信公众号。

会和风口。保持小体量，才能更加敏锐。

合伙人 D：利益分配机制也是其中一个原因。

合伙人 C：我觉得人这一辈子，"理想、名、利"三者多少是要喜好一点的。我是把"利"看得弱一点，我对在自己人生轨迹里面能够做成一家机构而且这个机构能坚持10年乃至更久我会比较开心，这是我想要的。

合伙人 B：那你们现在的利益分配机制是怎样的？

合伙人 C：我们是和项目紧密挂钩，最多可以分走 50% 的 carry（分成）。

合伙人 B：这个和我们一样，我们的项目经理在单个项目上有可能分到比合伙人更多的钱。

问题三：新基金怎么看当下市场？有什么值得投资的？

合伙人 A：我们主要看三块：一是有网络效应、规模优势的平台，大部分会是交易平台；二是能够生产数据，并且能够利用数据来改善用户体验的；三是下一代生态系统的"枢纽"，即有潜力成为下一个微软或苹果这样的公司的。

合伙人 D：第一个问题是，有网络效应的交易平台到 2017 年还有没有？为什么这么说呢？移动互联网在这个时代已经跑了6年了，如果说有机会，理论上来说应该被无数人试过了，为什么到目前还有？

合伙人 A："都被人试过了"这句话其实不准确，或者说只是显而易见的、容易做的被人试过了，而且其实试过了也不代表已经被试出来了。总的来讲还是有机会的，就像社交领域，有了脸书还是出现了 WhatsApp。

合伙人 D：我相信 2B 领域还有机会。但你觉得 2C 领域有网络效应的交易平台还有哪些？会在什么领域出现？现在看得见的，有网络效应的交易平台都被巨头占得差不多了。

合伙人 A：我们都以为没有了，结果 2012 年、2013 年又出来打车这一波，是吧？

合伙人 D：对，移动互联网是 2010 年开始的，2012 年、2013 年都在试错，当时有很多机会，但是到了 2017 年，2C 领域里这种平台越来越少。为什么你觉得 2C 领域还会有大机会呢？我认为还有小的垂直领域可能会有。如果是大的，会在什么领域出来？

合伙人 A：就我们观察，还是有很多品类都没有被很好地服务。之前之所以没有出现这样的平台，最有可能的原因是某一些基础设施没有成熟，摩拜就是一个例子。

合伙人 E：我补充一句，我同意你的观点，但是我觉得还是有新机会。比如视频，我觉得新的机会出来一定是有新的维度出来，比如地理维度。视频里面也许还有大机会。

合伙人 D：我同意，因为所有的机会是由需要驱动的。但我投了很多交易平台，我觉得我很难再看到 C 端的具备 2C 网络效应的平台。

合伙人 C：是很难，但还是可能有的。然而并不是结构化的机会，我觉得会是呈点状的市场。

合伙人 E：简单地讲就是很难用"自上而下"的方式去预判这个事情。

合伙人 D：第二个问题关于你的第二个策略"数据驱动"。"数据驱动"的话，理论上来说大公司手中的数据最多，那创业公司的机会在哪里？

合伙人 A：在很多垂直行业和垂直领域还有机会，这些垂直行业和领域甚至不比滴滴打车这样的领域小，比如教育、医疗等。

问题四：新基金可以怎么做？

首先，制度上：

合伙人 A：我把成绩特别好的一些基金做了比较，发现美国顶级 VC 大多人员不多，而且会以一线看项目的人为主来做决策。

合伙人 B：就是他得有判断力和足够的经验，所以很多美国基金不会让分析师在一线。

合伙人 A：是，还有就是很多顶级的 VC 不用投票制，比如标准。

合伙人 B：它们是一个合伙人看完了说投就投，还是？

合伙人 A：它们会内部讨论，每一个项目都必须经过内部讨论，但都是由看项目的人来决策。

合伙人 B：那最后是要达成一致还是说每个人靠自己的"silver bullet"（喻指新技术）？

合伙人 A：它们有点像"社会资本"这样的模式，就是把自己的个人品牌和影响力赌上去。你可以把它理解为"silver bullet"。但如果你天天这样干也会打光了。像很多老的基金里每个人都有一身成就，都投了很多很多厉害的东西，当然他本身就已经养成了习惯，非常喜欢仔细思考一些东西，所以投票不行。再比如Greylock。它就是让每个人写出对项目的看法、给出一个分数，但是这个都不算数。然后为了解决社交压力的问题，它不需要开会，而是让每个人单独写一份邮件发给推项目的那个人。最后就是很多基金没有"deal carry"（某个项目退出时的分成），只有"fund carry"（某支基金退出时的分成）。

合伙人 B：只承认集体的力量？

合伙人 A：也承认个人的力量。这个没有最优解。

其次，心态上：

合伙人 F：我做的新基金已经投了很多项目，其中大概百分之七八十能拿到下一轮融资，不能说特别差，也不能说特别好。反正我个人是越做越有敬畏之心，越做越觉得红杉、启明、DCM 等真的很厉害。同时我越做越觉得自己浅薄，越做越觉得早知道应该晚点出来，这是我个人的一点感受。所以我下面的动作就是要从大机构里面找更多的人来补充我们所需要的东西，去平衡我们没有学会的东西，因为从事 VC 这个行业需要能够快速学习，如果跟不上时代变化就完蛋。高死亡率是新基金的一个特点。就别管什么原因——团队磨合不好、投得不好、策略上犯了错误——新基金创业就是一种创业，创业一定是少部分成功，大部分完蛋。尽管我们都不希望自己完蛋，但是 10 年之后的结果应该是改变不了的。

再次，方式上：

合伙人 B：新基金都需要清晰的定位，在某个领域投出成绩，能够成就一家新机构。但这也会让它成为一个二线的基金，因为一线基金一定是进行更高层面的全方位覆盖，不能有短板。比如 ×× 基金，虽然它之前投汽车、投房产，但现在拓展到投娱乐，并且投得也很好。我们也在找第二个和第三个根据地，根据地多了就成了一个大胖子。而投单个领域的时候，首先你要投标杆，在这个领域的前 10 名里起码要投 3 个，你才能够称得上一个品牌机构，虽然也只是二线的。

合伙人 A：你刚才说的找到根据地以后要扩张我很同意，我们研究了 200 家基金，有 120 家死掉了，这 120 家怎么死掉的呢？我们发现一个最重要的原因，就是它专注的领域里面有纳米技术、清洁能源、半导体等这些波动性很强的行业。也许这个行业并没有死，但行业在那三五年进入低谷，也会让一家基金死亡。所以抓住风口先立一步是可以的，但是立完之后要立刻延展。

合伙人 E：我说说我的看法。A和B两家基金的共同特点是它们各自的三个合伙人都磨合了很久，而且这个久都是在一线机构里面经历了很多失败的项目，而且位置足够高。我观察A基金，它的人员足够强，背后还有相对比较强的力量支撑，后者很重要。互联网行业里面，要不就是真凭能力，要不就真凭资源，资源和能力是两种不同的方法论，没有谁对谁错。所以A的一期基金能做到找项目那么准、推得那么快、回报那么好；一是因为它的人员强，而且时机对了；二是它背后的资源强大，毫无疑问，这也是靠他多年的人脉积累的。

问题五：从FOF（基金中的基金）角度如何看待老基金和新基金？

某FOF从业者：

在我看来FOF有两种投资逻辑。一类是资源导向，包括你们谈到的老基金，比如红杉、经纬这些品牌基金。资源不仅包括品牌，还包括人脉——A基金当时就是有很多好的人脉，这也是资源。

另一类是关于专业性。基金这个行业里的都是手艺人或者"脑艺人"——他们是用自己的大脑赚钱，那我们在投这个行业的时候可能就需要判断从业者的脑力和认知能力。这包括专业能力但不限于专业能力，在做基金这件事情上，从业者需要构建一个对价值创造的认知能力。听上去挺悬乎的，说到底就是他认为这个世界上的价值是如何被创造出来的，既包括历史的也包括未来的。如果在这一点上能给到我们足够的信心，那我们就会选择。

这是一个基于人而不是基于资源的投资逻辑，就是只投人。选择标准就是对这个世界和投资这件事情认知的基础上，包括对专业能力但不仅仅是专业的能力，包括学习和拓展能力、持续更新自己的能力，也包括刚才谈到的组织能力，如是否愿意让一线的人做决策，是否能够带团队。

我觉得刚才谈的决策机制很好，但很难做到。就是你需要让一线的人做决策，或者我不要一些分析师，我只要三五个人，我让每个人做决策。虽然很难，但做到了就很好，诸如此类。这是我看的第二点，就是说如果这点很强的话我们也愿意投资。

从 FOF 的角度来说，这就像投 BAT 等上市公司和投 A 轮的差异。我投 A 轮是希望能得到更高的回报率，我投 BAT 的预期回报率也就是15%、20%。当然我投 A 轮，就必须要冒一定的风险。

在我看来只有这两种投资逻辑。

| 精选留言 |

苏果立 | Chris：

"构建一个对价值创造的认知能力"，说这句话的人真不简单啊。其实很多投资逻辑的背后，都有一个正确的价值观在支撑。

高昂：

挺好，但一看都是美元圈的风格。从我做FOF的感受来看，真的应该听听人民币GP（一般合伙人）看法。

作者回复：

有道理，下次搞人民币GP的。

bill无心居士：

GPLP（有限合伙人）化，那句"50% carry"道破天机。

作者回复：

你找的这个点确实棒！

41 为什么我不做
VC了

提及过去六七年移动互联网市场的演进，我总喜欢讲一件事情：

从纯移动互联网工具（如搜索引擎）到社交，到电商，到O2O，到B2B，再到消费升级和文娱内容，这是互联网元素在逐渐减少的过程。

纯互联网工具时代，100%的互联网元素。到了消费升级和文娱内容时代，其中的互联网元素大概还能剩2%。

像消费升级里的典型——"三只松鼠"，我觉得借助的更多是概念。类比一下，没有移动互联网，"脑白金"也一样能火起来。

像文娱内容里的典型《奇葩说》，我觉得借助的更多是新意。类比一下，没有移动互联网，《快乐女声》也一样能火起来。

互联网核心的连接、交互或技术等，在这两者身上都找不到太多印记。但话说回来，为什么这会是一个问题呢？

我们知道，VC投资的原则之一是：投资的目的就是投独角兽，找鲸鱼。

那么为什么互联网公司里容易出独角兽呢？因为在连接这个属性上，互联网具有天然的快速扩张性（scalable），又基于技术门槛、网络效应和规模效应这三大护城河，互联网公司天生具有一种长期的垄断属性。

内容是短期易传播、长期不可复制，又难以垄断的；消费品短期难传播、长期可复制，却一样是难以垄断的。

所以，《奇葩说》再火，马东打造的第二档节目《饭局的诱惑》也是没有什么声音。"三只松鼠"再厉害，也还是会有"良品铺子"冒出来。

这当然不是说这类公司不是好公司，它们已经是非常好的投资标的，但本身这样的公司已经少之又少（要么起点很早、要么起点很高），所以哪怕没有很好的护城河，也能发展到这个程度。但从长远来看，仍旧会有竞争和留存的问题。所以，这都不符合 VC 找独角兽的典型投资风格。

互联网因素少了，潜在独角兽也就少了，年轻的 VC 从业者却多了不少，从供需关系的角度来说，现在做 VC 不是个好选择。这就是我不做 VC 的第一个原因。在市场处于交替期、本身不那么理想的时候，继续做 VC 会让自己的学习曲线变缓，在这个时候转身回到行业内做些更实在的东西，也许能够更好地为自身做好准备。

其实，在我做 VC 以前，一直觉得做 VC 最重要的是判断力，但入行以后，发现最入门级的其实是社交能力。如果把所有的创业项目比作一座金字塔，每上升一层就是融到新的一轮的话，那么能投到最上层好项目的前提，是能看到最底层绝对多数的项目。

首先能看到，才有机会判断，就是这么简单的道理，所以社交能力在前，判断能力居后，而在这方面比拼的就是人脉和信息。所以新入行的这一波年轻 VC 迅速变得 FA 化，而很多 FA 则直接房产中介化。总之，大家都是销售。

靠信息不对称赚钱的行业永远是最让人心累的，而且很多时候平台给你的一些东西，会让你产生一种很强的错觉，感觉是自己拥有的，比如很多所谓的人脉、信息，但其实这些都是因为你的平台和身份而得来的。比如经常有很多行业资深从业者，因为要创业，坐到我对面像被审问一般地刨根问底。但只要换任何一个场景，他们就应该是我的面试官才对。所以，很多时候，我总有一种"我何德何能啊"的感觉。

再者，VC 投资成功本身就是小概率事件。在小概率事件之下，经验、理论和运气的差异度会被无限地缩小。如果一年只出一家独角兽，那么怎么分得清判断力和运气呢？如某位合伙人评价现在的基金新人时所说："现在一些刚入门的VC完全是碰运气，碰到一个好项目就成了，但其实问他为什么投，他讲不清楚。问他为什么成，也讲不清楚。问他能通过汲取经验再去找哪些其他可能成的项目？他就更不知道了。"

所以，这就是我离开 VC 的第二个原因，销售属性太强、主要依靠信息不对称，却并不能最好地锻炼自己的思考能力，而且也难以积累真正优质的人脉。

当然，我始终觉得 VC 是个有价值的行业，也始终觉得好坏都是因人而异的。我也不觉得未来几年毫无机会（就好像网络直播或自行车这种突然冒出来的风口一样，我相信类似的小风口还会出现）。

但是我依然不觉得这是一个最适合年轻人做 VC 的时代。

写到这里，我想到了之前在经纬、现在在熊猫 TV 的庄明浩老师，我发了条微信问他："你怎么不做 VC 了？"

他说："一级市场的投资尤其是早期投资，其实最后都是看'命'的。当然这里不是迷信，而是说早期投资人在选择创业者的时候往往都会有倾向，这种倾向的缘由就是投资人自己的性格、成长的经历和世界观等。

"所以很多人说，一个早期投资人能投资到什么项目，老天其实早就定好了。而做VC的人，因为每天都面对人性赤裸裸的考验，所以做久了之后你其实特别能了解自己，自然而然你也就大概知道能够投到什么样的创业者和项目，当这种趋势越来越明朗的时候，你要么就是离成功很近了，要么就是该离开这个行业了……"

看完以后，我不知道为什么莫名心疼庄老师。

在此也谨祝所有创投圈从业者仙福永享，寿与天齐。

42 陈悦天：关于VC该不该干的争论，我的一些经历和想法

听说你们吵起来了。我赶紧过来，凑个热闹。

2016 年 10 月 24 日，就是开心麻花在海淀剧院为 28 日《驴得水》开画办首映礼的那一天，我独自在剧场外买爆米花时收到曲凯君的微信，他问我道："先生可曾为现在的 VC 行业写了一点什么没有？"我说："没有"。他就正告我："先生还是写一点吧；同学们都很爱看先生的文章。"

好吧，我还是来说说吧。

入行 5 年多了，好快

2011 年的 9 月，我每天生活在被老板踢屁股的环境里。

"V 君，这周看了哪些公司？"

"A 公司想看，但是没约到……那个老板鼻孔朝天，牛得不行，旁边还老带着一个嘴唇抹得很红、身材很好的女秘书，一看就很不靠谱。还有 B、C、D，对方说下周联系。"

我当然不敢告诉他是因为我胆子太小、脸皮太薄、话术太差，电话拎起来讲不到 5 分钟就不知道该问什么，结果对方 CEO 找了个借口就把我的电话给挂了。

"啊？你是复旦大学毕业、摩根士丹利出身的啊？"老板一定非常后悔被我的简历给骗了。真的要谢谢他的仁慈，尽管我没用还是没把我直接开了，每个月付我工资。

我当时每天都会面临这样的诘问，办公室里只有 3 个人，老板训我的时候旁边的同事就双手抱叉胸前，谜之微笑地旁观我窘迫的样子。

2010 年和 2011 年的 VC 市场陷入群体性癫狂，中概股猛上纳斯达克，很多之前的投资终于开始产生退出期望和实际回报。

新基金募集，猛招人。移动互联网大风口，智能手机出货量和渗透率年对年几倍地增长。

面对前所未有的产业大浪潮，为了在最短时间内抓住最多的机会，市场里的基金也开始改变打法，"人海战术"的萌芽就发生在那个时候。原来一定要名校 MBA、金融背景的职位，开始要招互联网公司的产品经理和工程师了。现在各基金中较为重要的一些中层，大家差不多入行的时间都在 2011 年前后，我也很幸运地在那个时候混进了这行。

那真是战斗的年代，每天人都生活在"这里冒出来一个公司，我一定要去看一下、联系下"的状态中。不然可能明天案子就被别家基金抢了，天天在近距离地拼刺刀。

甚至某些竞争激烈的基金，早上分析师 A 打电话过去约后天见面，下午分析师 B 过去约发现同事已经约好了，直接跟对方说晚上见一面吧。见完后凌晨项目简报就发给了合伙人，项目算自己的。

长期处在高节奏战斗状态的人，其实反馈周期是很短的。因为多巴胺的分泌就在一瞬间，每个月都有小高潮，红光满面。

可不像他们说的，VC 基金的反馈周期是 7 年（5+2）。推的项目肯定有亮点，但最后能不能退，那都是合伙人的事好不好？

我们就是每天不断地见人见公司，深入田间地头、穷街陋巷、居民小区，找到别人找不到的优质公司，磨破嘴皮劝说对方选择我们基金。

反正我没有决策权，没权力自然也没有责任，我的工作是保证合伙人看到最多、最全、最正确的产业图谱。

但是2014年之后发生了什么？

新投资热点一个接一个，知名 FA 创业开新 FA 公司，大量资金涌入，大量人才涌入，工具化网站和服务层出不穷，一级市场信息流通效率得到极大提高。

这导致了两件事情的发生：

1.VC一线分析师和投资经理的工作量降下来了，他们每天收到的都是完整小样和简报，项目亮点写得清清楚楚，都可以直接发合伙人了；

2.越是后期看得清楚的行业越不缺钱，只有通过给高价和大资金才能进入头部公司，所谓的行业稀缺资源越来越少。

但是，这个世界的道理从来就是：别人需要你，你才有价值，多小的需要都有价值；别人不需要你，你就完全没价值。

别人把你的工作都干掉的结果就是你最后没工作可干，可有可无却能躺着赚大钱的事情是不存在的。

大写的两个字：焦虑。

创业公司 CEO 的焦虑现在已经蔓延到 VC 了，别说一线分析师了，中层甚至高层都有压力。

观察一个市场是否处于瓶颈期和下行周期，人员流动是很好的指标。有很多小伙伴在 2016 年上半年跳槽或转行了，原因很简单，就是做不出成绩。

我原来一年做 10 个案子，每天看新公司，每月看新行业，每次看完新行业都能投出项目，隔半年前面投的项目就开始融下一轮了。

现在我一年做 1 个案子，我每天看的公司都一样，没什么新意。我觉得自己很没用。

说个不一定恰当的比喻：你家狗狗从前每天在外开心地撒欢，你从今天开始把它关在家里一周试试，它一定把家里给你弄得一地鸡毛。累了它就会抑郁，然后发胖，去动物医院一看，脂肪肝。这就是大部分战斗年代过来的 VC 中层们现在的感觉。

你知道是什么东西治好了我的抑郁情绪吗？我告诉你，是游戏《守望先锋》。每 15 分钟的高潮，特别是当我把大锤用得像源氏，把对方一次次撞扁在墙上的时候。

"Veterans never die, they just fade away."（老兵永远不死，只会逐渐消亡。）

合伙人没压力？就算募了大量的资在手，这个市场，他敢投吗？投哪儿啊？真趋势还是假趋势啊？投了之后谁接啊？啥时候退啊？不投的话 LP 们不找他麻烦？"我们钱都给你了，你忽悠我们的时候说年回报率25倍，就你这样还 25 倍，你'250'吧？"

一家机构其实也只有合伙人和非合伙人的区别，中层如果不是合伙人，心态还是不能一模一样。

合伙人募资的时候，把自己的名字押在了公司招牌上，把老脸拍在 LP 前面求着要来钱；分析师、投资经理、VP、总监做得不好还能换家机构，合伙人做不好就直接在这个行业出局了，他们没有第二次机会。

但如果在这个市场乱投，搞不好很有可能这会是合伙人们的最后一次机会。

这样的话，真还不如创业开公司，做些实打实的生意，赚赚钱，让天使 VC 们支持你初期资金。你最起码初期可以有钱雇人、租房子，除了股权还说不定有工资拿。

但，机会在哪儿呢?

所以说，又不是你一个人焦虑，焦虑焦虑，就习惯了。

继续说说以前的事情，分享一些人生的经验

度过第一段找案子、看案子的门槛期，又过了段时间，打完电话什么都没有后续，又继续被老板踢屁股。

老板发现我为了完成指标老是想各种方法忽悠 CEO 们和我会面，提问的现场极其猥琐，实在是有损机构形象。

于是下令："以后不准打完电话就不跟进，要给对方办 3 件事情或者出 3 个主意，让对方觉得拿出这 1 个小时与你交流是值得的。"

直接跑到公司去拉信息绝对要不得，拉了一堆信息，行业速览做完了结果下次再要做就没人愿意见你。好的案子从天使跟踪到 B 轮都是值得的，周期可能跨越两年。

会议的当场如果连讨论都没有发生，证明你自己的货不够多，连观点和论据都给不了对方。

从那开始，你们才能看到今天写行业观点、观察，和 CEO 聊天不再猥琐的陈悦天。

所以，我见过的 CEO 们你们千万别不好意思，别觉得我是资方就

不能多麻烦,我恨不得你们每天麻烦我,这样下次我再过来找你的时候,我就不用再觍着脸了。

力所能及的我就一定尽力帮你办了,请把我当作你们的商务来使唤吧。想不太明白、需要更多的行业信息做决策或者仅仅是需要找个人商量或需要心理按摩的时候,也可以来找我。因为我能深刻地体会到 CEO 们做决策的时候,有多么抓瞎和孤独。

一级市场的竞争很早就不是资金层面和信息层面的竞争了。战略规划能力和跨界的资源对接能力头部企业都需要。我们 VC 本就应该带着资金来帮公司免费做战略咨询。

CEO 每天低头看路,落地执行,忙得连目标是哪座山头都不知道。投资人每天眼观六路耳听八方,其实真的可以把双方很好地匹配起来。只是有的时候 CEO 认识不到这种价值,有的时候是投资人自己认识不到这种价值。

投资最怕的就是做到最后只剩钱,但你还有你的知识、智慧,你还有你的朋友和小伙伴,你还有你的嘴和脚呢?就算提供不了战略洞见,你最差还可以帮他介绍生意。他就当花了 1 个小时的聊天时间雇了一个不要钱的兼职销售。

大环境很糟,新机会可能没有,我们都只是行业大背景下的小缩影

巴菲特老师教导我们:人生最重要的是找到足够长的坡和够湿的雪(当然你还得活得够长——这句是我加的)。

我深表认同,也把这个作为自己的人生信条,明白我们都要做时

间的朋友。但是我也有些不同的思考。

一家成功的企业，一个投资人，一家机构新厂牌的建立，依赖于一个大的产业浪潮，非常明显。

移动互联网的大浪树起了经纬、真格、险峰、工场的厂牌，互联网金融树起了源码的厂牌，O2O谁的厂牌都没树起来，因为它是个伪趋势。

在一个大浪起来的过程中，某个机构覆盖做得好，抓到一批好项目，厂牌也就起来了，负责这个领域的人也自然起来了。要是有幸在3~5年的周期里投得进又退得出，有公司上市，那机构基本就可以持续运转了。

但大家有没有发现，最近的各种趋势和大浪的持续时间变短了？趋势和方向以极快的速度兑现，然后就急转直下了：端游公司成长周期10年，页游公司5年，手游公司两年；视频点播10年，移动直播一年——这大家还玩什么？

在这种环境下，投资越来越像赌博，标准的刀口舔血。

我有次看到摩拜和ofo的融资都惊了，6个月4轮？迅速从A轮走到D轮？初创公司没有足够时间发展和积累，迅速被过量的资本堆积。但是资本也没办法啊，我不投这个投什么呢？我为什么要做冤大头非去投那些死贵死贵的项目呢？

上面这些情况，其实都是基础设施和生态完善导致的。

到了2016年，互联网行业人才遍布全中国，互联网和移动互联网本身成为一项通用技术，渗透所有的行业。这样新的创业公司在技术层面的壁垒就会被迅速消解。

而2014年后出现的各种VC行业的服务可以迅速拉平整个市场出现的新投资机会。我想表达的是，没有超大规模的基础设施更新，没有超大规模的用户习惯和场景迁移，是不会出现新的平台级机会让你来抓住所谓的"鲸鱼"的。也就是说，你假设的那个超长的坡可能是不存在的。

移动互联网已经做到随时联网、碎片化消费了，场景还能再切得多细？技术是呈指数级增长的，且基础设施太完善了，所以每次机会窗口只会越来越短。没有超长的坡，新的平台级公司无法诞生，新的投资人和机构厂牌自然也立不起来。从过去推导未来的思考方式可能是种幻觉，我们更多地生活在混沌之中，未来无法预测。

历史不一定重演，不要抱太多幻想。

20世纪80年代的改革开放可以重来一次吗？现在的环境还能再造一个联想集团吗？打败 QQ 的历史机遇只有一次，腾讯的对手——败下阵来，最后它革了自己的命。

历史还会给你第二次机会吗？

在这种情况下，我们唯一能做的还是得相信自己、靠自己

前面可能讲得太悲观了，不过我们真的正在穿越一个寒冬，而应对寒冬最好的方式就是冬眠、休息、静止、等待下一个春天。你跑出去扑腾，热量消耗太快"血条"狂掉。很多人就死在了黎明前夜。

没有什么行业和职业不经历高潮和低谷。

2004年我考大学填志愿的时候，我的同桌悄悄地凑到我耳边说："你知不知道会计系毕业了之后考ACCA（国际注册会计师）和CPA（注册会计师）可以去大公司做财务总监？一年轻松挣10万元哦。"当时我排在高中食堂的拉面窗口，一碗牛肉拉面只要 3 元钱。我的书包

里只有 10 元钱，还要盘算着放学去网吧的钱够不够。2006 年的时候，我听我的学姐说："你知道有四大会计师事务所吗？毕了业就有 5 000 元一个月哦。"我顺着四大会计师事务所找到了投行和咨询公司，从那时立志要进投行，因为我妈说如果 2008 年我毕业时年薪没有 10 万元就得跟她出国去日本读研究生。

2009 年的时候我在摩根士丹利做码农，后来 UED（用户体验设计）兴起我开始混产品经理圈子，发现还有一个叫 VC 的职业也能做，因为他们可以在会议室里面通过拍脑袋或者拍大腿改变一个行业的格局，牛得不行。

VC 行业现在面临的状况，很难说不和当年财务会计、金融商科、四大、投行、咨询一样。而且很难说这一波过去之后能够再回春。我说远点儿，如果技术革新得这么快，人工智能、大数据、深度学习、机器人的浪潮有这么快，那大家还工作干什么？你怎么可能干得过机器？还是自动学习、自动纠偏和自动工作的机器？

是不是该提前想想，到那个时候，我们作为"人类"的价值到底是什么？

生态系统足够完善的时候，人才散落于整个生态之中，通过生态里的基础设施做出成绩（最好的例子就是微博大号、微信公众号和 YouTube）。生态系统不完善的时候，人才向公司聚集，因为公司其实是个小生态，那里有做业务的资源（比如电视台体系）。

但是不管是在大生态还是公司里的生存，人与人之间都要比拼自己的观察、洞见、创意、计划和执行力。

在公司里面，获取资源和权力中心的信任及支持，本身便是一种能力，不然如何解释同一家公司里，同一个行业组里，有人做得好有人就做得一般呢？

老板偏爱，给资源给空间，就是单兵能力的体现啊，只是很多人把这种偏爱认为是天生的客观"运气好"导致的，而不愿意解释为其实也是单兵通过主观努力获得的。给两个项目经理同样的谈话时间，为什么有的人就讨人喜欢，有的人就让人无感、记不起来第二次呢？还是能力差异。大家不知道"三国志"游戏里面有一个数值叫作"魅力"吗？魅力、魅力，魅惑之力啊。

我的结论还是要做别人不能做之事，做别人不愿意做之事。时代永远属于强者，在同样的改革开放的环境里面，为什么有的民营企业家能成功，更多的生意人只是炮灰呢？做得不同不一定能够活，但是做得一样一定得死。

做每个行业都要想想：我可以比同行多做些什么？做得不一样的地方是什么？

项目公司钱投进去之后就是漫长的煎熬，你只能陪着 CEO 一起想办法，把自己变成半个创始人股东，该拉生意就拉生意，已经上了贼船，下不来了。所能抓住的，只有当下。

在这种情况下，你要保证两件事情：

1.有足够足的现金收入保证你和家人过上衣食无忧的生活；

2.好好思考，积累真正属于自己的资源，而非依赖一家机构，甚至不是依赖一个行业给你的红利。

拥抱梦想，学会乐观

我很幸运，赶上了文化产业大发展的浪潮，也幸运地在前机构的支持下投了若干高速发展的文化传媒项目。

人的成功是各种因素综合的结果，需要时代大浪潮，需要所在公司平台支持，需要个人思考和努力。我们经历的只是经济大周期的一部分，一定得学会苦中作乐，心怀理想，就是骗自己也得骗。做早期投资的要是没有乐观的心态，不敢相信未来的无限可能性，那真的就别干了。

说到这里，我脑子里出现无数的场景：

可能是半年前写给翻翻动漫石沉大海的邮件，突然一天下午收到了回复；

可能是那个炎热潮湿的夏天，哔哩哔哩杭州滨江办公室散落一地脏兮兮的网线；

可能是交大创业中心，崩坏学院米哈游大开间办公室中间大桌子堆得一人高的轻小说；

可能是淅淅沥沥的清晨细雨，南京乌衣巷里烟雾缭绕的古琴教室，刚刚睡醒的米子；

可能是 SNH48 坐不满三分之一观众的剧场，背后是空荡荡的座位……

推荐大家去看一下日剧《半泽直树》，我们现在需要"鸡血"，看看金融家的使命到底是什么：是配合大财团，蝇营狗苟，争权夺利，中饱私囊？还是去找到勤勤恳恳的人才和最尖端有前景的技术产品服务予以支持，使这个世界再变得美好一点点？

金融行业是关于预期的行业，本就是依赖"希望和梦想"的行业啊！就算没有什么梦想可以去完成，最起码我可以每天给你们讲个笑话，大家开心总比不开心的好，不是吗？